O Guia Completo sobre os Golden Retrievers

Joanna de Klerk

www.lpmedia.org

Dados de Publicação

Joanna de Klerk

O Guia Completo sobre os Golden Retrievers ---- Primeira edição.

Resumo: "Criando com sucesso um cão Golden Retriever desde filhote até a velhice" --- Fornecido pela editora.

ISBN: 979-8-89818-024-9

[1. Golden Retriever --- Não-Ficção] I. Título.

Design por Sorin Rădulescu

Primeira edição em português, 2025

SUMÁRIO

CAPÍTULO 1
Visão Geral da Raça

Não é surpresa que o Golden Retriever seja um dos cães mais populares do mundo. Bonito e inteligente, o Golden se encaixa perfeitamente na vida familiar, apesar de ter sido originalmente criado como cão de trabalho. Isso mostra como a raça é adaptável e pode se tornar conectada à família humana. Se você está pensando em receber um Golden Retriever em sua casa, este livro vai mostrar todos os fundamentos para entender a raça e saber como atender às necessidades do seu cão.

Foto cortesia de
Meghan Shoeman

Sobre a Raça

O Golden Retriever é instantaneamente reconhecível, mas frequentemente confundido com o Labrador Retriever. As duas raças se originaram do mesmo pool genético amplo, com um ancestral comum no cão St. John da Terra Nova. Ambas têm cães d'água entre seus ancestrais, sendo criadas como cães de trabalho para recuperar caça abatida em terrenos pantanosos. Tanto o Golden quanto o Labrador são excepcionalmente inteligentes, amigáveis, adoram água e são ávidos por comida. Além disso, eles são excelentes cães de família. Existem, no entanto, algumas características do Golden Retriever que o distinguem do seu primo Labrador.

Aparência

O Golden Retriever, como o nome sugere, tem apenas uma cor: dourada. Pode haver alguma variação de tonalidade dentro da raça, que vai do quase branco ao caramelo, mas, diferentemente do Labrador, que pode ter cor dourada, chocolate e preta, grandes variações de cor não ocorrem no Golden Retriever. Além disso, como descendente do Retriever de pelagem ondulada, o Golden ostenta um exuberante pelo longo, em comparação com o pelo liso do seu primo Labrador.

De modo geral, o Labrador é maior que o Golden Retriever. No entanto, essa margem é pequena, então variações naturais de tamanho podem tornar essa distinção pouco perceptível. As fêmeas são menores que os machos. Os Golden Retrievers machos costumam ter entre 58 e 61 centímetros de altura, e pesam de 29 a 34 quilos. As fêmeas geralmente têm de 54 a 57 centímetros de altura, e pesam de 25 a 29 quilos. A boca dos Goldens é macia, para recuperar a caça sem danificá-la, e forma um sorriso característico que dá à raça um semblante convidativo e amigável.

A aparência do Golden Retriever pode variar um pouco entre países, já que o padrão da raça não é exatamente o mesmo em todos os lugares. Como cães de pedigree, os Golden Retrievers devem ser criados em estrita aderência ao padrão da raça de seu país.

O Golden Retriever nos Estados Unidos pode ser mais escuro do que seu equivalente britânico. O Golden britânico é mais robusto que seu primo norte-americano, com uma cabeça mais larga. Ele também pode ser ligeiramente maior. No Brasil, o padrão oficial seguido é o britânico (FCI), estabelecido pelo Kennel Club inglês, que privilegia cães com estrutura mais robusta, cabeça mais larga e pelagem em tons mais claros de dourado, diferentemente do padrão americano que permite cores mais escuras.

O Golden Retriever exibe uma bela franja de ao redor do pescoço, barriga, parte posterior das pernas e parte inferior do rabo. A pelagem é o maior destaque da raça, e algo que atrai muitas pessoas. No entanto, os pelos exigem alta manutenção em comparação com a pelagem lisa do Labrador, então futuros tutores precisam se comprometer com escovações frequentes. Pessoas alérgicas não se darão bem com esta raça, pois a queda de pelos é intensa.

Foto cortesia de
Ashley DeFrancesco

A beleza impressionante do Golden Retriever o tornou um favorito em todo o mundo e uma estrela popular na mídia, e não é difícil entender o porquê.

Expectativa de Vida

A expectativa de vida típica de um Golden Retriever é de 10 a 12 anos. Ao adotar um filhote de Golden, é importante pensar adiante e considerar como suas circunstâncias de vida podem mudar durante esse período, e se você pode se comprometer a cuidar do cão por toda a vida dele.

Há algumas décadas, os Golden Retrievers poderiam ter uma expectativa de vida de até 16 ou 17 anos. Existem estudos em andamento que buscam entender por que a expectativa média de vida caiu tão drasticamente nos últimos anos. Esses estudos estão considerando fatores ambientais, mudanças no estilo de vida, genes e condições de saúde. No entanto, como ainda não se chegou a conclusões, tudo o que você pode fazer como tutor é garantir que seu cão tenha uma boa alimentação, um peso saudável, se exercite bastante e receba cuidados veterinários regulares para garantir que ele viva seus anos ao máximo.

Personalidade

Em resumo, o Golden Retriever é puro carisma sobre quatro patas. Nada distingue tanto um Golden quanto a natureza amigável e alegre, o sorriso enorme e a natureza gentil e dedicada. Seu Golden Retriever vai amar você incondicionalmente, confiar em você sem pensar duas vezes e perdoar todos os seus erros. Todos os dias serão o melhor dia da vida dele, e ele vai adorar fazer parte da sua família, participando de todas as suas atividades e recebendo todas as visitas em casa com animação.

Uma palavra que você verá com frequência neste livro é "dócil". Esta é a característica estabelecida no padrão oficial da raça para descrever a personalidade do Golden Retriever, o que significa que o cão está sempre disposto a agradar e seguir instruções. Isso também significa que o Golden Retriever é moldado tanto pela natureza dela quanto pelo treinamento que ele recebe. Então, em termos de matéria-prima, um Golden Retriever bem criado é a base ideal, mas você ainda precisa se dedicar para criar o cão perfeito.

O Capítulo 3 deste livro analisa o comportamento de um Golden Retriever e ressalta que, embora exista uma personalidade padrão aceita para a raça, variações podem ocorrer devido à genética. Por exemplo, linhagens de cães de trabalho terão mais energia. Além disso, variações de humor e personalidade podem ocorrer mesmo entre filhotes da mesma ninhada, o que pode ser imprevisível. Se você está adotando um Golden mais velho de um abrigo, as experiências iniciais do cão podem ter sido prejudiciais à personalidade dele, e você precisará se esforçar para recuperar a confiança e restaurar o comportamento natural do Golden. Infelizmente, alguns cães traumatiza-

dos podem nunca se recuperar emocionalmente após serem maltratados ou negligenciados. O Golden Retriever é uma raça resiliente e costuma perdoar facilmente, então as chances de recuperação são melhores que a média.

Se o tamanho do seu Golden Retriever não for suficiente para preencher sua casa e sua vida completamente, a enorme personalidade dele certamente será! Você nunca terá um dia monótono nos anos que passar na companhia de um Golden Retriever.

Dentro de Casa

O Golden Retriever é um cão grande. É óbvio que a bolinha de pelos que você traz para casa como filhote logo cresce e se torna um cão adulto grande e exuberante, com um rabo longo e abanador capaz de limpar uma mesa de centro com uma única passada. Então, a primeira consideração que você precisa fazer ao decidir se esta é a raça para você é: qual o tamanho da sua casa e dos cômodos dentro dela?

Se você mora sozinho e é improvável que isso vá mudar, uma casa de tamanho modesto pode ser grande o suficiente para você e seu grande amigo peludo. Por outro lado, se você tem uma família grande, precisa pensar sobre o espaço que um Golden Retriever vai ocupar. Seu cão não precisa necessariamente ter acesso a toda a casa, desde que os cômodos aos quais ele terá acesso sejam grandes o suficiente e livres

Foto cortesia de
Linda Walkowiak

de perigos. Isso é uma questão de preferência pessoal e não há regras bem definidas, desde que você tenha pensado bem sobre o impacto que um cão grande e cheio de energia terá no lar antes de ele se mudar para sua casa.

O Golden Retriever é conhecido por soltar muito pelo, então se você é particularmente exigente com a limpeza da casa, talvez precise ser mais flexível quanto a isso ao receber um Golden em seu lar, a menos que queira passar muito tempo com o aspirador de pó! Certos tecidos atraem e retêm pelos, enquanto superfícies duras e estofados de couro ou vinil são mais fáceis de manter em uma casa com um Golden. Essas superfícies também costumam ser mais fáceis de limpar durante a fase de adestramento sanitário, então sempre há algumas questões práticas a considerar que podem facilitar sua vida se o Golden Retriever for a raça certa para você.

Infelizmente, o Golden nunca será uma opção adequada para pessoas com alergias graves, devido à intensa queda de pelos da subcamada e à pelagem sedosa. Antes de optar por um Golden Retriever, também é importante considerar se alguém que visita sua casa com frequência, como familiares, é alérgico a cães.

O Golden Retriever é conhecido por ter um odor canino característico. Para muitas pessoas, isso não é um problema e até é bastante cativante, mas se isso pode ser um problema para você, talvez seja melhor reconsiderar sua escolha por um Golden Retriever, pois esse é o perfume natural dele. Os cães não devem tomar banho em excesso, pois isso remove os óleos naturais da pelagem, e desodorantes caninos não são recomendados. Com o tempo, como tutor, você se tornará "imune" ao cheiro do seu cão. No entanto, se você se preocupa se sua casa cheira a cachorro para as visitas, um Golden pode não ser a raça para você.

Se você pesou os prós e contras do impacto que um Golden Retriever terá em sua casa e decidiu que tem espaço suficiente, não se incomoda com os pelos, baba e cheiro de cachorro, e tem estratégias para minimizar esses problemas, não há dúvida de que sua casa estará completa com um Golden sempre pronto para te receber na porta e fazer esquecer dos problemas do dia!

Fora de Casa

Se você está considerando um Golden Retriever, é importante que tenha seu próprio quintal ou acesso a um espaço seguro imediatamente fora de casa para que o cão possa fazer as necessidades regularmente. Um quintal privado é obviamente preferível, porque você pode deixá-lo seguro para que seu Golden tenha acesso regular a um espaço externo relaxante onde ele pode ficar sem guia e aproveitar o sol. Para um cão grande como um Golden, a casa em si pode parecer pequena demais, mesmo que ele saia para passear e se exercitar com frequência, então ele certamente gostará de ter um quintal seguro.

Certifique-se de que a cerca do seu quintal seja alta o suficiente para impedir que seu Golden pule para fora, e que ela vá até o chão se você tiver um filhote. De qualquer forma, filhotes devem ser sempre supervisionados em ambientes externos, pois podem cavar e comer itens ou plantas inadequados. Se você vai adotar um cão de um abrigo, alguém da equipe vai avaliar sua casa e o espaço externo, e fará sugestões se identificar problemas, como painéis de cerca quebrados, outras rotas de fuga ou objetos perigosos. Você precisará resolver esses problemas antes de trazer seu cão resgatado para casa. Mas se você está comprando um filhote e nunca teve um cão antes, pode ser uma boa ideia pedir a um amigo com experiência em cães para avaliar seu quintal. Se você tem uma piscina ou lago, deve cercá-los antes da chegada do Golden. Mais conselhos sobre como preparar sua casa e quintal podem ser encontrados no Capítulo 5.

Seu Golden Retriever também gostará de ter espaços maiores, incluindo para passeios regulares, que possam ser acessados a pé de sua casa ou por meio de uma curta viagem de carro. Embora seja bom para ele desfrutar de uma grande variedade de passeios, ele gostará de ter lugares especiais que já conhece bem, onde todos os seus cheiros favoritos estão nos lugares esperados. Se você mora em uma cidade grande, deve tentar reservar um tempo para ir até o campo ou a praias com seu Golden Retriever. Por mais adaptável que ele seja, ele foi criado como um cão de trabalho, e só poderá exercitar seus instintos naturais em um ambiente mais rural. No entanto, fique atento a perigos como correntes marinhas fortes, rios com correnteza, e encostas íngremes, e use uma guia em locais onde a animação do seu Golden pode colocá-lo em perigo. Certifique-se de que seu cão tenha uma plaquinha de identificação na coleira e esteja microchipado com seus dados de contato atualizados, caso ele se perca.

Custos de Manter um Golden Retriever

O custo mais imediato envolvido na aquisição de um Golden Retriever é o preço do cão. Como o Golden é uma raça de pedigree, esse custo costuma ser alto. Em média, você pode esperar pagar de R$ 2.500 a R$ 10.000 por um Golden Retriever com linhagem documentada. Embora seja possível encontrar um cão por um preço mais baixo, esteja ciente de que um cão sem documentação pode ter sido criado com pouca consideração pelo padrão da raça ou pela adequação dos cães reprodutores, e pode acabar tendo mais problemas de saúde no futuro. Por outro lado, você pode adotar um cão resgatado de um abrigo, mas esses cães nem sempre são gratuitos. Alguns abrigos ou ONGs cobram taxas de adoção, que podem variar bastante, desde R$ 30 até mais de R$ 200. Essa taxa serve para cobrir os custos gerais que o resgate envolve, como castração, vacinações, microchipagem, lar temporário, acomodação, alimentação, transporte e administração. A taxa também garante que ninguém veja o abrigo como um lugar para pegar um cão de graça para usar em rinhas ilegais, reprodução ou revenda.

Golden Retrievers são cães caros de manter devido ao tamanho e possíveis problemas de saúde. Falamos sobre medicina veterinária preventiva no Capítulo 11. O plano de saúde para pets é fortemente recomendado desde o início, já que as doenças às quais um Golden Retriever é predisposto podem exigir cuidados muito caros. Por outro lado, alguns tutores preferem construir uma poupança específica para esse fim, guardando uma quantia regular para custos veterinários emergenciais. Apesar de ser uma questão de preferência, cirurgias em cães podem custar milhares de reais, e diante do custo de um procedimento caro que pode não ser bem-sucedido, tutores de pets que não têm seguro enfrentam uma escolha ingrata, ou nenhuma escolha além da eutanásia, se não tiverem recursos disponíveis para custear os tratamentos.

*Foto cortesia de
Curtis McCollough*

De forma geral, o custo de alimentar seu Golden Retriever será maior que a média, porque ele é um cão grande. Além disso, devido à predisposição genética a problemas articulares e outros problemas de saúde na velhice, seu Golden precisará de uma dieta de alta qualidade. A nutrição é abordada no Capítulo 8. Quando você tiver uma ideia de qual tipo de alimento deseja dar para seu cão, vale a pena verificar as quantidades recomendadas para um Golden de peso adulto (25-34 kg), calcular o número de porções no pacote, o número de porções por dia, ou o volume de carne crua, se esta for sua preferência, e calcular o custo mensal para alimentar seu cão. Não se esqueça de que seu cão merece um agrado de vez em quando, especialmente durante o adestramento, então inclua um pouco disso no orçamento.

Uma despesa que precisa ser considerada durante o segundo ano de vida do seu filhote é o custo da castração. Isso é recomendado se você não planeja expor ou reproduzir seu Golden, pois evitará gestações indesejadas, eliminará o cio na fêmea e ajudará seu cão a ser mais tranquilo. Os Golden Retrievers são uma das poucas raças que não devem ser castradas antes de um ano de idade, pois eles necessitam do efeito dos hormônios para fechar as placas de crescimento dos ossos longos. Se você decidir castrar seu Golden, isso deve ser feito idealmente entre 1 e 2 anos de idade.

Além dos custos únicos como a castração, você também terá outros custos regulares, como tratamentos antiparasitários e vacinações anuais, que devem constar no orçamento.

Os itens que você precisará comprar para seu Golden exigem um alto investimento inicial. Além disso, algumas despesas menores surgirão à medida que seu cão crescer, desgastar ou destruir a cama, caixa de transporte, peitoral, brinquedos, guias etc. Para ter uma ideia geral do que você precisará para seu novo cão, confira o Capítulo 5. Após o investimento inicial, você terá mais tempo para procurar promoções ou itens usados quando precisar substituir, se estiver com orçamento limitado. Para muitos tutores, no entanto, mimar um cão é uma atividade prazerosa, então, novamente, é tudo uma questão de escolha.

As atividades que você escolhe participar com seu cão podem variar muito em custo. Para muitos tutores, é suficiente socializar o Golden informalmente e treiná-lo por conta própria usando tutoriais online ou com base em experiências passadas. Com fácil acesso ao campo ou parques locais para passeios, alguns tutores não precisam gastar um centavo para entreter um Golden. Outros, no entanto, podem preferir investir em treinamentos de socialização de filhotes e aulas de adestramento, pelo apoio moral e prático que isso traz, e a chance de conhecer e aprender com outros tutores. Além disso, muitos proprietários gostam da ideia de aulas de Agility e sessões de Flyball. Essas aulas em grupo costumam ser pagas e podem exigir equipamentos adicionais. Se você planeja competir em um nível mais alto, também haverá custos adicionais. Os custos mais altos de todos na categoria "opcional" estão relacionados à atividade de exposição de cães. Nesse caso, é preciso arcar com taxas de inscrição, custos de viagem e todas as despesas envolvidas em manter seu cão em ótimas condições estéticas. Falaremos sobre isso no Capítulo 15.

Então, como regra geral, manter um Golden Retriever é mais caro do que a média. No entanto, como qualquer cão, muitas despesas são opcionais, e é possível manter os custos baixos. Por isso, a escolha de um Golden Retriever não precisa excluir aqueles com rendas mais baixas, desde que as despesas presentes e futuras tenham sido calculadas e incluídas no orçamento. Seu cão não sabe o que é luxo e riqueza; tudo o que importa para ele é estar confortável, com uma alimentação adequada, bem exercitado, sem dor e com companhia humana por boa parte do dia, com a oportunidade de encontrar outros amigos caninos. Se você puder garantir a ele esses requisitos básicos, então ambos desfrutarão de um relacionamento incomparável!

CAPÍTULO 2
História da Raça

"O padrão da raça Golden Retriever fala de um cão confiável e amigável, nunca 'briguento' em condições normais. O Golden era um cão de caça de cavalheiros e deve ser, ao mesmo tempo, bonito e atlético."

Jill Simmons
PoeticGold Farm

Origem da Raça

Foto cortesia de
Stephanie Johnston

O Golden Retriever deve sua existência como raça a Dudley Majoribanks, Lorde Tweedmouth, que viveu na Casa Guisachan nas Terras Altas de Inverness, na Escócia, no final do século XIX. As Terras Altas eram os tradicionais campos de caça do Reino Unido, mas a paisagem era repleta de pântanos e rios, então os esportistas precisavam de uma raça de cão recuperador (Retriever) que pudesse trabalhar em todos os terrenos para recuperar tanto a caça terrestre quanto as aves aquáticas. Além disso, armas de maior alcance levaram a caça a ser abatida a uma distância maior, então eles precisavam de uma raça com excelente resistência, capaz de trabalhar em distâncias maiores.

Genética

O ancestral do Golden Retriever era conhecido como Retriever de pelo ondulado, cujas origens remontam ao cão de St. John da Terra Nova, que também é o ancestral do Labrador Retriever. Em 1865, Dudley Majoribanks comprou um jovem Retriever de pelo ondulado amarelo de um sapateiro em Brighton, na costa sul da Inglaterra. O sapateiro havia adquirido o filhote no ano anterior do guarda-caça do proprietário local, Lorde Chichester, como pagamento de uma dívida, e era o único filhote amarelo de uma ninhada de Retrievers de pelo ondulado pretos. O cão foi chamado de Nous, que significa "sabedoria", e era claramente um cão de grande qualidade, já que chamou a atenção de Majoribanks. Nous foi levado de volta para Guisachan, na Escócia, onde se juntou ao canil de cães de caça de Majoribanks e se tornou o pai de uma nova raça.

Outra raça de cão de caça nos canis de Dudley Majoribanks era o Tweed Water Spaniel, uma raça que agora está extinta, que tinha a capacidade de recuperar a caça da água, com uma boca macia para carregá-la sem danificar. Nous foi cruzado com uma Tweed Water Spaniel chamada Belle em 1868 e 1871, e os filhotes amarelos resultantes tornaram-se a base para uma nova e distinta linhagem de retrievers amarelos.

Graças aos registros meticulosos mantidos por Dudley Majoribanks em um diário de 1840 a 1890, o desenvolvimento da raça agora conhecida como Golden Retriever foi documentado, e esses registros de canil estão na biblioteca do The Kennel Club, o clube de cinofilia do Reino Unido. A raça foi desenvolvida através de cuidadosas reproduções em linhagem dos descendentes de Nous e Belle com outros retrievers de pelo ondulado e liso, outro Tweed Water Spaniel, um Setter Vermelho, e possivelmente um Labrador Retriever e um Bloodhound. Os Retrievers amarelos eram mantidos por Majoribanks para continuar a linhagem, mas ele também reteve alguns filhotes pretos. Muitos dos cães criados por Majoribanks foram dados a amigos e familiares como cães de caça. Enquanto hoje o Golden Retriever encontrou um papel como animal de estimação, a capacidade de trabalho era primordial neste estágio do desenvolvimento da raça, com ênfase em suas habilidades excepcionais na água.

Padrões Históricos

Até o início do século XX, a nova raça de cão de caça de Majoribanks era pouco conhecida em outros lugares além das Terras Altas da Escócia. Até que, em 1904, um dos cães de Majoribanks venceu a primeira prova

Foto cortesia de Samantha Hector

de campo para Retrievers e ganhou maior notoriedade. Anos depois, a raça já estava sendo apresentada em exposições caninas. Nesta fase, eles ainda eram conhecidos como Retrievers Amarelos. Em 1908, o Lorde Harcourt de Nuneham Park, em Oxford, que havia desenvolvido um apreço pela raça, reuniu uma coleção de Retrievers dos cruzamentos originais e os inscreveu na exposição do Kennel Club. Eles foram inscritos na classe "Qualquer Variedade de Retriever" como "Retrievers de Pelo Liso Amarelo". No entanto, o interesse gerado pelos cães de Lorde Harcourt fez com que eles fossem descritos pela primeira vez como "Golden Retrievers". Quando foram registrados por direito próprio no Kennel Club da Inglaterra em 1911, adquiriram a classificação "Retriever – Amarelo ou Dourado". Foi em 1920 que eles foram oficialmente classificados como "Retriever – Dourado" pelo British Kennel Club, sendo reconhecidos pelo Canadian Kennel Club em 1925 e pelo American Kennel Club em 1932.

O Golden Retriever no Brasil

No Brasil, a raça Golden Retriever chegou nas décadas de 1970 e 1980, trazida principalmente por criadores que importaram exemplares do Reino Unido e Estados Unidos. A raça rapidamente ganhou popularidade entre as famílias brasileiras devido ao seu temperamento dócil e adaptabilidade ao clima tropical, especialmente nas regiões Sul e Sudeste. A Confederação Brasileira de Cinofilia (CBKC) reconhece oficialmente a raça seguindo o padrão FCI, que se baseia no padrão britânico original. Hoje, o Golden Retriever é uma das raças mais populares no país, com diversos canis especializados e uma forte presença em exposições caninas nacionais.

Um erro sobre a origem dos Golden Retrievers é que eles descendiam do cão de circo russo. Isso ocorreu quando um dos primeiros admiradores da raça, o Coronel Le Poer Trench, criou uma linhagem de

Goldens que ele afirmava serem derivados das linhas Guisachan de Majoribanks e, segundo o próprio tratador do canil de Majoribanks, descendiam de cães de circo russos. Como o Coronel Trench era um homem de status, acreditava-se que sua raça, que ele chamava de "Retrievers Russos", tinha origem na Rússia. Essa teoria foi desmentida quando as anotações do canil de Majoribanks vieram à tona. No entanto, isso causou confusão na época, bem como uma longa controvérsia sobre as verdadeiras origens da raça. Curiosamente, a linhagem do Coronel Trench pode ser considerada geneticamente mais consistente do que os Goldens desenvolvidos por Majoribanks, pois manteve-se isolada sem cruzamentos externos após o estabelecimento da linhagem original.

Foto cortesia de
Leslie Jenkins

Nos primeiros dias de exposição no Reino Unido, os Golden Retrievers tiveram que competir pela premiação contra os Retrievers Amarelos Russos do Coronel Le Poer Trench. Embora eles estivessem em classes separadas, eles só recebiam um conjunto de premiações, que os Retrievers Russos ganharam. Quando os Goldens enfim foram premiados, os primeiros vencedores foram o cão Noranby Sandy, da Sra. Charlesworth, e a cadela Coquette, do Sr. F.W. Herbert. A Sra. Charlesworth então ganhou três premiações e uma Prova de Campo com Noranby Campfire. As atividades caninas foram suspensas durante a Primeira Guerra Mundial, mas o Golden Retriever já tinha conquistado o afeto do público.

O Golden Retriever chegou aos Estados Unidos no início do século XX e foi um sucesso instantâneo. O mais notável padreador original nasceu na Inglaterra em 1929 e era chamado Am/Can Ch Speedwell Pluto, importado como cão de caça pessoal por Samuel S. Magoffin de North Vancouver. Speedwell Pluto tornou-se um campeão do American Kennel Club (AKC), o primeiro Golden a vencer um Grupo Esportivo e o primeiro a ganhar o reconhecimento de melhor da competição (Best In Show). Samuel Magoffin e seu irmão, John Rogers Magoffin, importaram mais cadelas da Inglaterra para seus canis Rockhaven e Gilnockie, e se tornaram a base para a raça Golden Retriever no oeste e meio-oeste dos Estados Unidos.

Inicialmente, quando o padrão da raça foi elaborado em 1911, o creme havia sido excluído como uma cor permitida, e não era popular na década de 1920, com os tons mais escuros sendo mais amplamente favorecidos. No entanto, na década de 1930, os tons mais claros recuperaram sua popularidade, e, em 1936, o padrão da raça do Reino Unido foi alterado para incluir "Qualquer tom de dourado ou creme, mas nem vermelho, nem mogno", pois isso era visto como mais alinhado à criação original de Guisachan.

À medida que a raça continuou a se desenvolver em uma base muito mais ampla ao longo do século XX, certos desvios começaram a surgir, o que começou a causar preocupação. O visual alto, tipo setter, era mais visto em exposições de meados do século, e certos problemas de saúde, como mordidas projetadas ou retraídas e problemas nas pálpebras, não estavam sendo tratados. Consequentemente, em 1955, o antigo padrão da raça do AKC foi revisado, desqualificando cães com denti-

Foto cortesia de Claire Moody

ção incorreta, posição anormal dos cílios e aqueles fora de um limite de altura mais rigoroso.

Nessa época, os padrões da raça começaram a divergir entre o Reino Unido e os Estados Unidos, com os cães de cor mais clara e de estrutura quadrada sendo favorecidos nas Ilhas Britânicas, em contraste com o Golden Retriever norte-americano, mais escuro e esguio.

À medida que a raça foi refinada e desenvolvida, organizações como o Golden Retriever Club of America e o Golden Retriever Breed Council, no Reino Unido, agiram para garantir que a saúde da raça fosse priorizada.

Golden Retrievers Famosos na História

O presidente americano Gerald R. Ford era muito afeiçoado aos Golden Retrievers. O terceiro Golden dos Fords, Liberty, foi dado a eles por sua filha Susan enquanto Ford era presidente e, como consequência, tornou-se residente do Salão Oval, com autorização para nadar na piscina de Camp David e descansar no gramado sul da Casa Branca. Liberty também ajudava a trazer um pouco de perspectiva ao Salão Oval, sendo treinada para encerrar conversas desconfortáveis quando seu tutor sinalizava para ela se aproximar do visitante abanando o rabo. Pode-se dizer que todo gabinete presidencial precisa de um Golden Retriever para tornar o mundo um lugar melhor.

Esse sentimento foi claramente ecoado pelo presidente Ronald Reagan, que ganhou um Golden Retriever caramelo, Victory, em 1980, durante sua campanha eleitoral, com a condição de que ele seria cuidado até que Reagan entrasse na Casa Branca. Quando Reagan venceu a eleição, Victory tornou-se o Primeiro Cão. No entanto, ele não se mudou para a Casa Branca, pois os Reagans achavam que o rancho que tinham na Califórnia era um lugar mais adequado para ele, onde sempre os recebia em suas férias, acompanhando o presidente no trabalho do rancho e em passeios a cavalo.

Líderes de outras nações também tiveram Golden Retrievers, incluindo Aldo, o cão do presidente russo Dmitry Medvedev, e Abby, do primeiro-ministro australiano Kevin Rudd, que também foi apresentado em um livro infantil escrito pelo primeiro-ministro, "Jasper e Abby e a Grande Confusão do Dia da Austrália".

No Reino Unido, o apresentador de TV infantil Simon Groom tinha um Golden Retriever chamado Goldie, que apareceu no programa Blue Peter de 1978 a 1986. A filhote de Goldie, Bonnie, tornou-se sua suces-

sora, transmitindo o apelo da natureza feliz da raça a toda uma geração de crianças britânicas.

Os Golden Retrievers são tão inteligentes, adestráveis e fotogênicos que são estrelas de cinema naturais. Buddy, que jogava basquete, foi a estrela do filme "Bud – O Cão Amigo" em 1997. Ele também interpretou o papel de Cometa na sitcom "Três é Demais".

"A Incrível Jornada" (1993) e sua continuação, "A Incrível Jornada 2: Perdidos em São Francisco" (1996), apresentaram um gato e dois cães, um dos quais era um Golden Retriever, Shadow (com a voz de Don Ameche). Shadow foi interpretado principalmente por Ben, com três outros dublês, e o cachê dos cães no set foi pago em petiscos de fígado. Embora os Golden Retrievers sejam extremamente adestráveis, uma pista de que as palavras são dubladas é o fato de que a boca dos animais não se move quando eles falam!

Não é surpresa que os Golden Retrievers façam sucesso entre os famosos, e sem dúvida trazem um pouco de calmaria às suas vidas agitadas. Celebridades que tiveram Golden Retrievers incluem Indira Gandhi, Jackie Chan, Sally Field, Enrique Iglesias, Tom Cruise, Sheryl Crow, Joe Cocker, Jamie Lee Curtis, Paul Newman, Neil Diamond, Oprah Winfrey, Pamela Anderson, Mary Tyler Moore e muitos mais. Christopher Reeve tinha um Golden Retriever como cão de assistência.

Desde sua origem, criado e desenvolvido dentro da propriedade escocesa de Dudley Majoribanks como um cão de trabalho, o Golden Retriever cresceu para se tornar uma das raças mais populares e reconhecidas do mundo, igualmente à vontade em uma casa ou no campo. No entanto, eles não são uma raça para ser adotada de forma leviana, e saber um pouco da história deles ajudará qualquer futuro tutor a decidir se o Golden Retriever é o cão certo para seu estilo de vida e circunstâncias. Quando tudo se encaixa, ter um Golden Retriever como pet (ou, como muitos diriam, ser o humano de um Golden Retriever) é ter a certeza de ter uma parceria incrível para a vida toda.

CAPÍTULO 3
Comportamento

Temperamento

A principal característica que define o Golden Retriever é o temperamento amigável, leal, alegre e dócil. Isso se deve à longa história de criação cuidadosa e seletiva, e à rigorosa adesão aos padrões da raça. Ao produzir uma aparência instantaneamente reconhecível, a criação seletiva também deve produzir certa uniformidade de temperamento e, de modo geral, é o que acontece. Você pode esperar que um Golden Retriever seja gentil, leal, feliz e confiável perto de adultos, crianças e outros animais. No entanto, variações de temperamento podem ocorrer, e é importante reconhecê-las.

Foto cortesia de
Lori Reuter – Avalor Goldens

Foto cortesia de
Julie & Holly Simmons
PrairieWyn Golden Retrievers

Primeiramente, você pode presumir que uma ninhada de filhotes será geneticamente predisposta ao temperamento dos cães reprodutores. Na situação ideal de reprodução, ambos os pais terão comprovadamente um excelente temperamento, em conformidade com o padrão da raça:

Temperamento: Obediente, inteligente, possui natural habilidade para o trabalho, amável, amigo e confiável. (Padrão FCI adotado pela CBKC - 2009)

A CBKC atualizou o padrão da raça Golden Retriever em 2009 e reviu o documento com o padrão do Golden em 19 de Março de 2015, seguindo as definições da FCI (Fédération Cynologique International), que é a organização mundial que rege as raças de cães. A FCI sempre adota o padrão da região de origem da raça, no caso do Golden Retriever, a Grã-Bretanha. E a CBKC é filiada à FCI, sendo este portanto o padrão oficial da raça Golden Retriever no país.

Anomalias no temperamento podem ocorrer quando dois Golden Retrievers com temperamentos diferentes são cruzados. Nesse caso, os filhotes podem herdar características de qualquer um dos cães reprodutores. Em outros casos, a genética é simplesmente imprevisível e, sem razão clara, um temperamento atípico pode surgir em um filhote aleatório da ninhada. É importante que cães que herdam um temperamento que não está em conformidade com o padrão da raça não sejam reproduzidos, a fim de preservar o temperamento dócil característico do Golden Retriever.

O temperamento também pode ser afetado por experiências infelizes no início da vida de um cão. Crueldade ou um adestramento inadequado podem resultar em problemas comportamentais que podem ou não ser superados mais tarde quando o cão estiver com alguém mais experiente.

Treinabilidade

"A maioria dos Goldens é muito fácil de treinar, gosta de agradar e interagir com seus tutores. Eu sempre sugiro uma boa aula de obediência para filhotes para que tanto o tutor quanto o filhote comecem na direção certa."

Julie Simmons
PrairieWyn Golden Retrievers

Os Golden Retrievers são conhecidos por sua inteligência excepcional e vontade de agradar. Isso os torna muito treináveis, a ponto de serem comumente usados como cães de assistência e em operações de busca e resgate. Por terem sido originalmente criados como cães de trabalho, desde suas origens esperava-se que aprendessem e respondessem a comandos. Isso não significa, entretanto, que seu Golden Retriever nasceu sabendo sentar, ficar e andar ao seu lado, ou que ele deve fazer as necessidades em um local específico. Ensinar essas coisas faz parte do processo de construção de vínculo com seu novo cão. Mas você pode ter altas expectativas para seu Golden Retriever e desfrutar das recompensas de treinar um cão que aprende rápido e se adapta à vida dentro de sua matilha humana.

Foto cortesia de
Marnie Harrell
Shadymist Kennel, LLC

Foto cortesia de
David A Ring

Apresentaremos alguns comandos básicos no Capítulo 6, mas seu Golden Retriever é capaz de aprender em um nível muito alto, o que é um dos atributos da raça que os torna quase humanos.

Ansiedade de Separação

O próprio fato do Golden Retriever ser tão ligado aos humanos significa que a raça é especialmente suscetível à ansiedade de separação, já que ele não suporta ficar longe das pessoas que ama. No entanto, um Golden Retriever adulto é um cão grande, propenso a soltar pelos, babar e ocupar qualquer espaço confinado em que se encontre. Portanto, ele não é portátil como raças menores, e haverá ocasiões em que ele terá que ficar em casa. É importante condicionar seu cão a essa necessidade desde cedo, para que ele saiba que você voltará e se sinta confortável e seguro ficando sozinho em casa.

Se você tiver espaço, pode considerar ter outro cão para fazer companhia para o seu Golden, mas esse é um luxo que nem todos podem ter. Além disso, por ser inteligente, o Golden Retriever pode não considerar o outro cão como um substituto para os humanos.

Seu cão pode apresentar os seguintes sintomas se estiver sofrendo de ansiedade de separação:

- Salivação excessiva

- Andar de um lado para o outro

- Latir

- Choramingar

- Arranhar portas

- Destruir objetos como brinquedos ou móveis

Além do aspecto ruim do seu cão sentir tristeza, os elementos destrutivos podem levar a automutilação, particularmente nas garras, patas e boca. Por isso, a ansiedade de separação é algo que você precisa tratar se afetar seu cão.

Nem punição nem recompensa positiva são métodos adequados para reduzir a ansiedade em seu cão, pois ambos vão piorá-la. No entanto, existem algumas dicas que ajudarão a ensinar ao seu cão que a separação não é o fim do mundo.

Quando você deixar seu cão sozinho, não faça um grande alarde se despedindo. Isso fará com que a adrenalina dele dispare. Ao não fazer isso, ele permanecerá em seu estado calmo habitual. Da mesma forma, ao retornar para casa, inicialmente ignore-o. Cumprimentá-lo e fazer festa só vai reforçar a ansiedade dele. Quando ele se acalmar depois de alguns minutos, você pode calmamente dizer oi.

Antes de sair de casa, muitos tutores gostam de dar um brinquedo recheado de longa duração, como um brinquedo tipo Kong ou dispensador de petiscos. Você pode recheá-lo com ração úmida, patê ou pasta

Foto cortesia de Dylan Starer

de amendoim natural (mas certifique-se de não conter xilitol como ingrediente). Ter algo para mastigar e lamber não apenas o distrai, mas também libera endorfinas, os relaxantes naturais do corpo.

Entre essas ocasiões, você pode praticar saídas para que seu cão gradualmente pare de associá-las a ficar sozinho por muito tempo. Comece apenas realizando sua rotina de saída, mas sem ir a lugar algum. Uma vez que isso não desencadeie nenhuma ansiedade, avance para sair da sala, mas fique do outro lado da porta por apenas alguns segundos. Lembre-se de não fazer alarde quando voltar, mesmo que ele tenha se comportado bem. Você pode aumentar gradualmente o tempo que o deixa sozinho para alguns minutos. Quando você atingir o marco de uma hora sem desencadear ansiedade, não deverá ter problemas em sair por uma manhã ou tarde inteira.

Finalmente, existem alguns produtos naturais no mercado que são feitos para ajudar seu pet a se manter calmo. Você pode obter recomendações com o seu veterinário ou como produtos sem prescrição em uma loja de animais:

- **Feromônios:** O "feromônio apaziguador canino" ou "DAP" é liberado pela mãe para ajudar a acalmar os filhotes nos primeiros 5 dias após o nascimento. O DAP foi fabricado em vários tipos de produtos, incluindo um difusor de tomada, um spray e uma coleira.

- **Caseína:** Naturalmente presente no leite materno, a caseína ajuda a relaxar os filhotes e, quando ingerida por cães adultos, traz de volta a sensação de serem confortados pela mãe. Está disponível tanto em forma de comprimido quanto em biscoito seco para cães.

- **L-triptofano:** Essa substância aumenta os níveis de serotonina no cérebro. A serotonina é um produto químico natural que estimula sentimentos de felicidade. No entanto, leva algumas semanas para acumular níveis que façam uma diferença significativa, então não espere ver uma mudança imediata. Está disponível tanto em forma de comprimido quanto em biscoito seco para cães.

Se você tentou tudo isso e seu veterinário descartou quaisquer problemas de saúde, o próximo passo seria consultar um comportamentalista canino. O benefício disso é que eles podem testemunhar exatamente o que está acontecendo na sua própria casa e dar conselhos personalizados para atender à sua situação específica.

Roer

Mastigar e roer são comportamentos naturais. Eles têm o benefício de entreter e educar o cão, limpar os dentes dele e aliviar a dor. Para um filhote com dentes nascendo, mastigar ajuda com o desconforto, assim como acontece com bebês humanos. É errado, portanto, punir a mastigação como um problema de mau comportamento; como tutor, você deve redirecionar o comportamento para que ele cause o mínimo de destruição em sua casa e pertences.

Além de aliviar a dor da dentição, os filhotes são mais inclinados a mastigar indiscriminadamente do que cães adultos porque estão explorando o novo mundo, ficam facilmente entediados, possivelmente ansiosos enquanto se ajustam à nova vida, e não foram treinados para saber o que podem ou não podem mastigar. Portanto, ao trazer um filhote para casa, saiba que coisas deixadas ao alcance dele poderão ser destruídas, pois os filhotes têm dentes afiados desde muito jovens. A coisa mais sensata a se fazer é colocar todos os objetos importantes ou perigosos fora do alcance do filhote. Se você tem crianças pequenas, pode ser difícil separar os brinquedos delas dos brinquedos do filhote. Nesta fase do desenvolvimento do seu Golden, você pode separar a criança e o cão, junto com os pertences deles, usando um cercadinho para ele ou para a criança. Brinquedos de pelúcia infantis costumam ter olhos duros que podem ser puxados e ingeridos pelo cão, o que pode causar uma obstrução séria. Por isso, nunca deixe esses brinquedos ao alcance do seu Golden.

Você também deve se comprometer a guardar as coisas em casa, especialmente aquelas com baterias prejudiciais, como o controle remoto da TV. Sua lixeira de cozinha também é um alvo fácil para o filhote, então instale-a atrás de uma porta de armário, em uma bancada ou em uma área de serviço fora do alcance dele. Você também pode usar portões de escada em casa para manter seu filhote contido sem a barreira de uma porta fechada.

Treinar seu filhote para se sentir confortável em uma caixa de transporte pode ser uma vantagem, pois se você tiver que deixá-lo sozinho por um tempo, saberá que ele não vai destruir a casa em sua ausência. Você pode até incentivar a mastigação positiva dando a ele um brinquedo recheado ou petiscos naturais como orelha de boi, osso recreativo ou couro para mastigar dentro da caixa. Se ele não tiver um objeto que possa roer e mastigar, vai começar a roer as barras ou a grade da própria caixa.

Lembre-se do desejo inato do seu Golden Retriever de agradar você. Se você o flagrar mastigando algo inadequado, use uma palavra firme e remova o objeto. Em seguida, dê-lhe imediatamente um objeto permitido para mastigar. Com o tempo, ele reconhecerá os objetos permitidos com base no cheiro deles. Elogie-o quando a mastigação for direcionada para o objeto certo, e ele logo aprenderá o comportamento correto.

Necessidade de Exercício

"Golden Retrievers jovens podem lidar com muito exercício. Um filhote cansado é um bom filhote! Caminhadas ao ar livre e corridas curtas são excelentes maneiras de cansá-los."

Lanette Wright
Wright Mountain Golden Kennels

Adotar um Golden Retriever não é algo a ser feito por impulso. Esta não é uma raça sedentária, apesar da imagem estereotipada de um Golden esticado no tapete da sala. Para atingir esse estado de felicidade relaxada, seu Golden Retriever precisará ter batido a meta de exercício diário. Para um cão adulto, recomenda-se uma caminhada vigorosa de pelo menos uma hora por dia. Para Goldens de linhagens de cães de trabalho, que têm níveis de energia mais altos, isso deve ser aumentado para duas horas.

A falta de compromisso com os requisitos de exercício do Golden Retriever terá um resultado indesejado. O cão pode ficar cheio de energia acumulada, destrutivo e obeso, além de latir muito. O Golden Retriever é uma raça que adora comida, então precisa queimar essas calorias. Um cão com sobrepeso é mais predisposto a todos os possíveis problemas da raça, doenças cardíacas, diabetes, pressão alta e danos às articulações do quadril e cotovelo.

Tudo isso traz um ponto positivo: se você pretende ficar em forma e saudável, a maneira mais rápida e agradável de fazer isso é tentar ajudar um Golden Retriever a bater as metas de exercício.

Hiperatividade

Não está na natureza do Golden Retriever ser hiperativo; eles são mais frequentemente descritos como um tapete! No entanto, algumas linhagens são mais hiperativas que outras, pois foram criadas especificamente como cães de trabalho, e esse temperamento é uma vantagem no campo. Se você tiver um cão com tendências hiperativas, que persistem após a fase naturalmente cheia de energia de filhote, pode adotar algumas estratégias para lidar com isso.

Primeiramente, você precisa se perguntar se está atendendo às necessidades de exercício do seu Golden. Esta raça tem muita energia, e foi desenvolvida para ser incansável no campo. Se você perceber que subestimou a quantidade de exercício de que seu cão precisa, e talvez a disponibilidade de tempo ou trabalho te impeçam de atender às necessidades dele, pode ser uma boa ideia contratar alguém para passear com ele. Outra opção é praticar um esporte ativo com seu cão, como corrida, que aumentará a quilometragem dele em um determinado período, ou praticar Flyball ou Agility regularmente. Ambos também ajudarão a exaurir a mente agitada do Golden. Usar a habilidade natural de busca do seu cão levando uma bola para o parque também ajudará a gastar o excesso de energia dele, e ainda dará a oportunidade de correr e brincar com outros cães. É importante que exercícios extenuantes só ocorram depois que o filhote atingir a idade de seis meses, para não danificar ossos e articulações em crescimento. Agility e Flyball podem ser iniciados a partir de nove meses a um ano de idade.

A hiperatividade também pode resultar de um problema no relacionamento que um cão tem com seu tutor. Golden Retrievers anseiam por atenção e podem ficar muito estressados se ficarem sozinhos por longos períodos. É importante reservar um tempo para seu cão. Ele também precisa de um conceito firme de hierarquia e reconhecer você como o líder da matilha. Isso alivia o estresse dele. Portanto, um treinamento consistente, firme e amoroso desde o início, bem como uma rotina regular, são fatores muito importantes para o bem-estar mental do seu Golden, o que, por sua vez, afeta o senso de calma dele. Essa compreensão deve ajudar a reduzir a hiperatividade indesejada do seu Golden Retriever.

Importância da Socialização

"Nunca deixe seu filhote interagir com animais que você não conhece bem! O que pode ser pior do que um filhote inocente pulando em direção a outro cão ou gato, e sendo mordido, arranhado ou algo pior? Por isso, certifique-se de manter a socialização sob seu controle. Acho que o mais seguro é uma aula de adestramento para filhotes!"

Marnie J Harrell
Canil Shadymist

Os Golden Retrievers são conhecidos por serem cães muito sociáveis, tanto com humanos quanto com outros cães. No entanto, eles têm uma linguagem especial com sua própria raça, então qualquer oportunidade para brincar com outros Goldens deve ser incentivada. A socialização é primordial para um cão feliz e saudável. Um cão que vive com medo de outros cães ou humanos pode demonstrar agressão por medo e problemas de saúde relacionados ao estresse. Felizmente, esta não é a disposição natural de um Golden Retriever, então a menos que você esteja adotando um cão traumatizado, ou tenha um cão de linhagens indesejáveis, a socialização não deverá ser um problema.

Existe uma "Janela de Ouro" para socializar seu cão, que vai do nascimento até 18 semanas, durante a qual o cérebro do filhote está ocupado processando todas as novas experiências. Você deve começar a socializar seu Golden Retriever assim que ele chegar em casa. Inicialmente, isso será com contato humano e exposição a sons desconhecidos. No entanto, assim que o filhote tomar todas as vacinas, ele poderá começar as aulas de adestramento. Para descobrir onde elas acontecem em sua área, consulte seu veterinário. Eles podem ter aulas na própria clínica, ou informar você sobre aulas de adestramento próximas a você. O adestramento para filhotes é a maneira ideal de iniciar a socialização em uma idade precoce. Seu cão terá contato com outros cães e pessoas que ele não conhece, e você terá suporte durante esta fase importante, além de uma introdução às aulas de treinamento que podem fazer parte do mesmo programa.

Acima de tudo, a socialização deve ser divertida para seu cão. É importante estar vigilante para identificar quando uma situação pode se tornar ruim. Aprenda a reconhecer a linguagem corporal de outros cães. Se uma interação positiva não acontecer dentro de três segundos, o tutor deve afastar seu cão antes que ocorra um confronto. Embora Goldens sejam menos vulneráveis a ataques do que cães pequenos, cicatrizes emocionais duram mais do que as físicas, então o tutor deve ter atenção redobrada durante esses meses iniciais tão importantes.

Lembre-se: seu cão também está aprendendo com sua linguagem corporal, e pode perceber se você estiver com medo ou ansioso. Mantenha-se otimista, recompense o comportamento positivo, mantenha seu Golden focado e aproveite a jornada curiosa do seu filhote enquanto ele descobre um novo mundo.

CAPÍTULO 4
Como Escolher um Golden Retriever

Comprar ou Adotar?

Você avaliou cuidadosamente os prós e contras de compartilhar sua vida com um Golden Retriever e está pronto para assumir o compromisso. A primeira decisão que você precisa tomar é se vai comprar um filhote de um criador ou adotar um cão de um abrigo, caso em que o animal geralmente será adulto.

Se você planeja levar seu cão a exposições, a segunda opção quase sempre não estará disponível, porque cães de exposição exigem documentação completa com registro reconhecido pela Confederação Brasileira de Cinofilia (CBKC). É muito raro que um cão com esse tipo de pedigree acabe em um abrigo, e, se isso acontecer, talvez porque o tutor entregou o animal por não poder mais cuidar dele, os abrigos costumam reter as documentações para proteger o anonimato do tutor anterior. Isso dá ao cão um novo começo. Se você tem em mente apenas exposições locais e informais, a falta de documentos de pedigree não será problema. No entanto, se você esperava participar de exposições oficiais da CBKC, estas não estarão disponíveis. Além disso, os abrigos geralmente castram os cães que passam por seus cuidados, visando uma vida mais estável para eles dali em diante. Vale notar que as regras da CBKC não impedem especificamente a participação de cães castrados em exposições de conformação, sendo o principal requisito ter o registro oficial (pedigree) da CBKC.

Cães de exposição também exigem treinamento específico e socialização desde cedo, o que é abordado no Capítulo 15. Se seu cão adotado não tiver esse histórico, ele pode não se sentir confortável na pista, e nada importa mais ao adotar um cão resgatado do que ajudá-lo a se ajustar à nova vida dentro da zona de conforto dele, para que possa deixar o passado para trás.

Se você planeja trabalhar com seu cão, novamente, sua melhor aposta pode ser escolher um cão de linhagens específicas de trabalho. Esses cães podem ter níveis de energia mais altos que as linhagens domésticas. Isso também permitirá que você treine seu cão desde filhote. Por outro lado, cães de linhagem de trabalho que se mostraram desafiadores em um ambiente familiar podem ter ido acabar em um abrigo.

Foto cortesia de
Brandon Short

Foto cortesia de Ryan Pierce

Nesses casos, você pode encontrar um cão em um abrigo que será muito mais feliz com a vida de trabalho que você está oferecendo. No entanto, se o cão já for adulto, você provavelmente terá que se dedicar mais o treinamento dele. Por natureza, o Golden Retriever é inteligente e quer agradar, então transformar esse cão será menos desafiador do que com algumas outras raças.

Não há como negar que resgatar um cão pode ser muito gratificante. Ao transformar a vida de um cão abandonado, você está fazendo algo muito positivo. Além disso, se preferir pular a fase de filhote, você pode ter a sorte de encontrar um cão com treinamento básico já estabelecido. A adoção também pode ser adequada para pessoas mais velhas, que podem ter em mente um futuro não muito distante em que não terão mobilidade suficiente para acompanhar o ritmo de um Golden Retriever. Compartilhar os anos finais de um cão é um momento especial. Cães mais velhos podem até vir com algum apoio financeiro da organização de resgate, pois sabe-se que os custos veterinários são mais altos nessa fase da vida deles.

Se você optar por comprar um filhote, lembre-se que um Golden Retriever tem expectativa de vida de 10 a 12 anos, então você precisa pensar em como sua vida pode mudar durante esse período. Nesse caso, você terá o prazer de compartilhar toda a vida do seu cão com ele, e ele se tornará parte da família.

Pesquisando o Estabelecimento

"Encontre um criador que faça todos os exames de saúde, incluindo quadril, olhos, cotovelos e coração, além de quaisquer testes de DNA adicionais disponíveis. Você também deve fazer perguntas sobre como os filhotes são criados, como são socializados e com que idade eles vão para casa."

Angel Martin
Goldensglen Goldens

Independentemente de você escolher comprar ou adotar um Golden Retriever, você tem dois recursos valiosos disponíveis para encontrar seu companheiro canino: a Confederação Brasileira de Cinofilia (CBKC) e o Conselho Brasileiro da Raça Golden Retriever (CBRGR). Ao escolher estabelecimentos aprovados, sejam criadores ou abrigos, você pode ter mais segurança de que o cão que escolher terá mais chances de ser saudável, e saberá que não está apoiando involuntariamente organizações clandestinas.

A pior armadilha em que o futuro tutor pode cair é comprar de um canil clandestino. É de conhecimento comum que a criação em massa de filhotes é desumana, que os cães são mantidos em condições insalubres e superlotadas, e que as doenças e problemas de saúdem se perpetuam no canil a ponto dos cães acabarem sofrendo ou tendo que ser sacrificados pouco tempo após a compra por tutores desavisados.

A maioria dos compradores em potencial acha que nunca seria tão desatenta a ponto de comprar de um canil clandestino. No entanto, esses estabelecimentos quase sempre se apresentam como locais limpos e arrumados em uma casa onde o filhote é mostrado ao comprador. Se algum dos cães reprodutores for apresentado, pode nem ser o verdadeiro padreador ou matriz do filhote. Se o criador não estiver de acordo com a regulamentação da CBKC, o filhote também estará sem documentação, o que deve ser um indicador de que os cães não estão sendo criados a partir de linhagens que seguem o padrão da raça. A documentação pode não parecer importante se você não pretende expor seu cão, mas os Golden Retrievers são propensos a muitos problemas de saúde genéticos, que podem ser eliminados da linhagem através de reproduções responsáveis. Por mais fofo que um filhote de um criador não registrado possa parecer, se ele tiver problemas genéticos, você certamente terá problemas no futuro, e estará apoiando a criação irresponsável ao comprar de um estabelecimento que não se preocupa com o bem-estar dos cães.

Se você quer adotar um Golden Retriever de um abrigo, descobrirá que existem organizações e grupos de resgate que atendem exclusivamente a Labradores e Retrievers. Ao adotar de uma dessas organizações, você saberá que o estabelecimento entende da raça, e que as necessidades do cão foram atendidas da maneira mais apropriada durante o tempo em que ele esteve no centro de resgate, e que possíveis problemas de saúde foram tratados. Os Retrievers geralmente são colocados em lares temporários após serem resgatados. Isso é melhor para o cão do que passar tempo em canis, e permite que a equipe de resgate avalie o cão no ambiente doméstico, e como ele se comporta com crianças, gatos e outros estímulos cotidianos. Em alguns casos, pode ser preciso pagar uma taxa de adoção ao adotar um cão resgatado. Isso cobre parcialmente os custos de castração, vermifugação, vacinação e microchipagem, além de consultas veterinárias, acomodação, transporte e custos de alimentação. Na prática, o cuidado com seu cão pode ter excedido muito esse valor, e, considerando o custo de compra de um cão com pedigree, a taxa de adoção nunca deve ser considerada alta demais.

Por outro lado, qualquer pessoa pode criar uma organização de resgate, e podem existir abrigos menos idôneos, onde o cão é infeliz, não é avaliado adequadamente, suas necessidades de saúde não são atendidas e podem até piorar, e provavelmente não é castrado, vermifugado ou mesmo vacinado. Se você tiver outros cães, pode ser arriscado trazer um cão resgatado não vacinado. Mesmo que você não tenha outros cães, perder seu novo cão para o parvovírus, que é um risco especialmente alto em filhotes, é devastador. Embora alguns cães precisem ser resgatados dessas organizações inescrupulosas, na prática, e infelizmente, esse comportamento bem-intencionado acaba incentivando a continuidade desses locais.

Pergunte Sobre os Pais

Se você vai comprar um filhote, provavelmente já viu a ninhada e possivelmente reservou seu filhote favorito enquanto ele ainda estava com a mãe (também chamada "matriz") antes do desmame. O criador deve ter informado você sobre a matriz, a linhagem e até a saúde dela. No entanto, o criador pode não ser dono do pai (ou "padreador"). Em alguns casos, você pode conseguir visitá-lo. Se isso não for possível, precisará verificar o pedigree dele. Pesquise as linhagens da matriz e do padreador. Os filhotes vêm de uma linhagem de trabalho ou são principalmente animais de companhia? Existem campeões de exposições no pedigree sobre os quais você pode encontrar mais informações? Tenha cuidado com a endogamia excessiva, onde os mesmos nomes aparecem várias vezes, especialmente nos pedigrees de ambos os pais. Isso pode indicar uma maior predisposição a doenças genéticas. Talvez o criador mostre a certificação das pontuações de quadril e cotovelo de ambos os pais, que são especialmente importantes para Golden Retrievers, mas o que elas significam?

Pontuações de quadril:

Uma pontuação de quadril é uma medida de evidência de displasia de quadril. Esta é uma anormalidade hereditária no desenvolvimento do quadril, que causa instabilidade e frouxidão na articulação, e que causa muita dor ao cão à medida que ele envelhece. A displasia de quadril não é evidente em filhotes, então você precisa consultar as pontuações de quadril dos pais para saber se o filhote é geneticamente predisposto a herdar o problema.

As pontuações variam de 0 a 106 e, quanto menor for, melhor. Golden Retrievers reprodutores devem pontuar abaixo da mediana da raça, que é 11.

Pontuações de cotovelo:

Golden Retrievers também são suscetíveis à displasia do cotovelo, que se apresenta da mesma forma que a displasia do quadril, mas no membro anterior, e leva à osteoartrite da articulação do cotovelo.

A pontuação de cotovelo varia apenas de 0 a 3, sendo 0 livre de problemas e 3 gravemente afetado. Embora os dois cotovelos possam registrar pontuações diferentes, o certificado apresenta apenas um número, que corresponde à pior das duas pontuações. Idealmente, certifique-se de que a pontuação em ambos os pais seja zero para ter certeza de que seu Golden não tem risco de displasia de cotovelo hereditária.

Testes genéticos:

Os testes genéticos para distúrbios hereditários são uma ferramenta recente na criação de cães. Eles trazem a vantagem de que cães que são portadores de certos distúrbios, mas assintomáticos, podem ser impedidos de perpetuar seus genes, ou reproduzidos apenas com cães que não são portadores do problema. Um cão e uma cadela aparentemente não afetados, mas que são portadores de um gene recessivo, produzirão descendentes que sofrem do distúrbio. Distúrbios que afetam Golden Retrievers e que podem ser detectados por testes genéticos incluem a ICT-A (Ictiose), que é um distúrbio de pele excessivamente escamosa, e a ARP (Atrofia Progressiva de Retina), que causa cegueira.

Por enquanto, nem todos os criadores de Golden Retriever realizam testes genéticos em seus cães adultos. Para aqueles que o fazem, se os resultados não mostrarem problemas, você terá mais segurança de que seu cão não terá surpresas desagradáveis no futuro.

Foto cortesia de
Nathan Howland

Observando o Filhote

Finalmente chegou o momento emocionante de visitar a ninhada de filhotes da qual você escolherá seu novo companheiro. Isso pode ser quando os filhotes têm cerca de 5-7 semanas de idade e ainda não foram desmamados. No caso dos Golden Retrievers, pode ser muito difícil diferenciar entre as várias bolinhas de pelo claras e agitadas, já que a raça não costuma ter marcações distintivas na pelagem. No entanto, mesmo nesta fase, há coisas para se observar.

A coisa mais óbvia a se perguntar é se você deseja ter um macho ou uma fêmea. Se você planeja expor ou reproduzir seu Golden, haverá expectativas muito diferentes sobre ele, em comparação a tê-lo apenas como um melhor amigo. Se o tamanho de um Golden Retriever estiver no limite máximo do que sua casa pode acomodar, pode ser uma boa ideia escolher uma fêmea, já que elas costumam ser menores que os machos quando adultas. Elas também podem ser menos agitadas. Se você não pretende reproduzi-la, precisará considerar castrá-la após o primeiro cio. Com isso, você não precisará lidar com o cio semestral dela, e ainda a protegerá da piometra. Se você prefere um cão macho, deve estar preparado para treiná-lo para superar os instintos de marcação de território em casa, caso isso ocorra, e considerar castrá-lo se não pretende reproduzir e não quiser que ele persiga cadelas no cio quando sair para passear.

A cor da ninhada costuma ser mais clara que a pelagem dos adultos. Para ter uma ideia de qual será a cor do filhote quando ele for adulto, observe as orelhas. Estas podem parecer mais escuras no filhote e mostrar o tom que o resto da pelagem alcançará quando adulto.

Certifique-se de que o filhote que chama sua atenção esteja limpo e não tenha um cheiro ruim. A pelagem deve ser macia e sedosa, sem crostas ou pulgas. Verifique os olhos e orelhas dele em busca de secreção, e sinta a barriga dele. Ela deve estar rechonchuda, mas não dura. Se estiver distendida, pode indicar a presença de vermes.

Se você pretende expor seu cão, é bom procurar um filhote que mostre promessa de corresponder ao padrão da raça, sem marcações incomuns. Falamos sobre isso mais detalhadamente no Capítulo 15. E se você está procurando um cão de trabalho, é melhor escolher o candidato com mais energia. No entanto, se você está procurando um cão de companhia, basta confiar na conexão. É uma daquelas coisas que você não consegue explicar ou descrever — você só sabe que aquele filhote específico está destinado a fazer parte da sua vida.

Considerações sobre Cães Resgatados

"Em relação aos cães resgatados, é importante entender que a maioria deles não é criada por criadores responsáveis, muitas vezes podem vir com problemas de saúde e/ou de temperamento. Isso não significa que eles não possam ser bons animais de estimação, mas significa que podem exigir mais diligência em relação aos cuidados e treinamento."

Gina Carr
Brier Golden Retrievers

Se você decidiu adotar um cão resgatado e teve a sorte de encontrar um com o qual se conecta e que precisa de um bom lar, a primeira coisa que você pode esperar é uma inspeção à sua casa. Isso não é tão intimidador quanto parece, pois o representante do abrigo que for visitar sua casa não vai procurar poeira acima dos batentes das portas. Ele ou ela vai apenas verificar se você mora onde diz morar, se seu contrato de aluguel (caso você more em um local alugado) permite cães, se sua casa e jardim são seguros e livres de objetos perigosos, se sua casa é adequada para um cão de grande porte, e se todos na família refletiram sobre as implicações de ter um cão e entendem o básico do que isso implica.

Se você já teve cães antes, até mesmo um Golden Retriever, não se sinta ofendido por ter que passar por uma verificação domiciliar, pois isso só mostra que a equipe de resgate está levando a sério o dever de cuidado e não quer colocar um cão em uma situação onde ele possa ser devolvido ao abrigo quando as coisas não derem certo. Tendo dito isso, um aspecto positivo de adotar um cão resgatado é que, se um imprevisto acontecer, a equipe do abrigo oferece suporte total e leva o cão de volta para encontrar outro lar. Na verdade, esta é geralmente uma condição que você aceita ao adotar um cão de um abrigo. Você não é dono dele e não pode realocá-lo por conta própria sem a permissão da organização que o resgatou e que se comprometeu com o cão pelo resto da vida dele, para garantir que ele nunca mais seja decepcionado por humanos e sempre possa achar um lar amoroso e responsável.

Antes da verificação domiciliar, faça as modificações necessárias nos muros ou cercas do seu quintal para garantir que um cão grande não consiga escapar. Além disso, se você mora em um local alugado, certifique-se de ter seu contrato de aluguel à mão. Se o verificador encontrar problemas em qualquer um desses pontos, ele precisará retornar depois, o que atrasará a adoção, e você pode até mesmo perder o cão que reservou.

Se você já tem cães, pode precisar marcar um encontro entre eles antes da adoção, para testar se eles se darão bem. Isso geralmente é feito em território neutro, já que o novo cão estaria em desvantagem se o encontro acontecesse na casa em que seu cão atual já mora.

Um cão resgatado pode precisar de atenção especial ao ser levado para a nova casa. No início, ele pode se sentir inseguro no novo ambiente, e isso pode se manifestar em problemas com-

Foto cortesia de
Travis Brady

portamentais que são parte do processo de transição. Se você tiver outro cão, eles podem até brigar, e isso pode fazer você pensar em desistir do novo cãozinho. Mas com paciência e bom senso, esses problemas iniciais devem ser superados. Um bom abrigo ou grupo de resgate sempre estará lá para apoiar você, pois é do interesse de todos, principalmente do cão, que tudo dê certo. Se os problemas persistirem, você pode chamar um comportamentalista para identificar o que precisa ser melhorado. Isso não significa que você falhou, mas é um passo pragmático para reverter a situação. O abrigo ou grupo de resgate pode providenciar e, em alguns casos, até pagar por ajuda profissional, caso seja necessário.

No entanto, a maioria das adoções ocorre tranquilamente, e seu novo amigo logo se mostrará grato pela nova vida que você lhe deu. Os Golden Retrievers costumam ser uma raça tranquila e adaptável, e, em pouco tempo, você sentirá que ele sempre fez parte da sua família.

CAPÍTULO 5
Preparativos para um Novo Cão

Preparando Sua Casa

"Faça uma checagem de segurança na sua casa! Assim como os pais deixam a casa à prova de bebês, você precisa deixar sua casa à prova de filhote! Se você consegue ver, escalar, morder ou alcançar algo que esteja a menos de 30 centímetros do chão, seu filhote também consegue!"

Marnie J Harrell
Canil Shadymist

Talvez você esteja se preparando para receber um filhote de oito semanas em sua casa, ou um cão mais velho de um abrigo. Seja qual for seu caso, as semanas que antecedem esse dia emocionante devem ser usadas para garantir que a casa esteja preparada para a chegada do seu novo companheiro.

Se você já tem um ou mais cães, talvez já se sinta perfeitamente preparado. No entanto, ainda haverá algumas coisas a considerar. Ao proteger seu quintal, você precisa levar em conta o tamanho e a fase de vida do cão que vai receber. Se você for trazer um filhote para casa, seu quintal pode não estar seguro, mesmo que você já tenha um cão. Filhotes, obviamente, são pequenos e podem se esgueirar por baixo da cerca ou através de pequenos buracos que não representariam uma rota de fuga para um cão mais velho. Eles também ainda não têm nenhum senso de território e são naturalmente curiosos, o que os torna mais propensos a fugir. Isso também se aplica a um cão mais velho vindo de um abrigo. Ele ainda não sabe a que lugar pertence e pode tentar voltar ao último lugar que conheceu. Então, com um cão mais velho, certifique-se de que o muro ou a cerca do seu quintal sejam altos o suficiente para impedi-lo de pular. Recomenda-se uma altura de 1,80 metro. Se sua cerca ou muro não forem tão altos, aproveite as semanas antes da chegada do seu cão para substituir a estrutura ou adicionar treliças ou cercas de arame. Lembre-se também de que cães cavam, então a cerca precisa ir até o chão. Se seu novo cão se mostrar um escavador determinado, talvez

Foto cortesia de Troy Folsom

seja necessário enterrar a cerca no solo ou colocar pedras ao redor do perímetro do seu quintal.

Um Golden Retriever é um cão de pedigree e, como tal, é alvo de ladrões. Certifique-se de colocar dois ferrolhos, em cima e embaixo, no lado interno do portão do seu quintal, se ainda não tiver feito isso. Uma fechadura é ainda melhor. Devido aos desafios de segurança no Brasil, considere também instalar sistemas de alarme, câmeras de segurança, sensores de movimento e iluminação adequada no quintal. Muitas famílias brasileiras também optam por muros mais altos, portões eletrônicos e até mesmo contratar serviços de monitoramento. Embora essas medidas não impeçam totalmente que um ladrão tenha acesso ao seu Golden se ele for deixado sem supervisão no quintal, elas reduzem significativamente o risco de roubo oportunista e oferecem maior proteção para seu cão e propriedade.

Foto cortesia de Brandon Short

Seu cão usará o quintal para fazer as necessidades e, independentemente de você ter filhos ou não, limpar a sujeira diariamente é muito importante para a sua saúde e a da sua família. Pense onde descartar os dejetos e se você deseja dividir o quintal para que seus filhos brinquem em uma seção à qual o cão nunca tenha acesso. Também é uma boa ideia cercar áreas como piscinas ou lagos, já que os Golden Retrievers são atraídos magneticamente a qualquer ambiente com água. Além disso, certifique-se de remover itens potencialmente perigosos e consertar vidros quebrados em estufas, por exemplo.

Se você já costuma se dedicar ao seu jardim, verifique se as plantas em seu quintal não são venenosas para cães e, se forem, considere removê-las ou replantá-las em uma área à qual o cão não terá acesso. Além disso, se você usa iscas para lesmas ou veneno para ratos, precisará removê-los e procurar métodos mais naturais de controle de pragas.

Dentro de casa, pense nas áreas às quais seu novo cão terá acesso e onde ele dormirá. Alguns tutores preferem que seus cães não subam as escadas; se esse for o seu caso, você pode instalar um portão de escada enquanto seu Golden aprende os limites de até onde pode ir. Esses portões também podem separar certos cômodos, caso você queira manter sua sala de estar livre de pelos de cachorro, já que os Golden Retrievers soltam pelos em abundância. É sempre melhor restringir o acesso do seu cão desde o início, para que ele nunca sinta falta do que nunca teve, em vez de decidir mais tarde que você prefere não compartilhar sua cama com ele.

No Capítulo 4, falamos sobre como os filhotes roem tudo. Está na natureza deles e alivia a dor da dentição, além de proporcionar conforto e aliviar o tédio. Portanto, agora é hora de remover todos os itens móveis que você não quer que sejam destruídos. Se você tem móveis caros nos cômodos aos quais seu cão terá acesso, pode guardá-los por um tempo e mobiliar com itens baratos ou usados. A fase de filhote não dura para sempre, e seu Golden não deve ser punido enquanto ainda está aprendendo o que pode ou não pode roer.

Também será inevitável que seu novo cãozinho faça as necessidades dentro de casa enquanto está aprendendo a fazer no lugar certo. Se você tem pisos duros, será fácil lidar com isso. Por outro lado, se você tem tapetes ou carpetes e deseja preservá-los, pode investir em um limpador de carpetes para lidar com calma e prontamente com qualquer sujeira. Isso não é só uma questão de higiene. Cães tendem a voltar a áreas que cheiram à sua própria urina, então vale a pena estar preparado.

Se você decidiu treinar seu cão com caixa de transporte, pense onde posicionar a caixa. Ela deve ficar em algum lugar sem correntes de ar e onde o cão se sinta confortável. Se você permitir que ele fique na sala de estar, é ideal escolher um canto aconchegante onde ele se sinta parte da família em seu próprio espaço seguro. Se ele for mais restrito, escolha uma parte quente, mas não muito quente da cozinha, onde ele possa observar tudo o que está acontecendo sem sofrer muito pelo cheiro de bacon sendo preparado. Outra opção é um local no corredor longe de correntes de ar, já que os cães geralmente gostam de se acomodar perto da porta da frente. Você pode colocar um cobertor sobre a caixa para criar mais uma toca para ele e cobrir a frente à noite para indicar para ele quando é hora de dormir.

A próxima coisa a considerar é como você deseja transportar seu Golden. Para a maioria das pessoas, será no carro. O Capítulo 7 trata de todos os aspectos do transporte do seu cão. Quando você tiver tomado a decisão de usar uma caixa de transporte, uma grade de proteção ou um peitoral, precisará instalar o acessório escolhido antes do dia de buscar seu novo cãozinho. Coloque também algumas toalhas e lenços umedecidos no carro para caso seu cão fique enjoado, ou, se for um filhote, caso ele faça xixi ou coco no caminho para casa. Além disso, se a viagem for mais longa, certifique-se de ter uma guia e coleira ou peitoral, além de uma tigela e uma garrafa de água, para que você possa fazer pausas no caminho para dar água ao seu cão e para que ele possa fazer as necessidades.

Se você investir tempo para preparar sua casa nas semanas anteriores à chegada do seu novo cão, a transição será mais tranquila para ele, e você conseguirá prever e minimizar os possíveis estresses de trazer um animal para um espaço de convívio humano.

Lista de Compras

Foto cortesia de
Julie & Holly Simmons
PrairieWyn Golden Retrievers

Fazer compras para um novo cão pode ser divertido, mas a variedade de acessórios que você encontra ao entrar em um pet shop pode ser te deixar confuso! Então, do que você realmente precisa para seu novo cão, especificamente para um Golden Retriever?

Também falaremos sobre as caixas de transporte no Capítulo 7. Independentemente de você decidir treinar seu cão com a caixa ou não, ainda é útil ter uma. Ela pode funcionar como um esconderijo opcional para seu cão em casa, pode ser usada para viagens, para separar seu cão em certas situações, para proteger sua casa durante ausências curtas e para idas ao veterinário, por exemplo, se seu cão precisar repousar devido a uma lesão. Você pode comprar caixas de arame ou de tecido, ambas dobráveis para armazenamento ou transporte. As caixas de arame vêm com capas, mas você também pode usar um cobertor ou toalha.

Um Golden Retriever adulto precisará de uma caixa extragrande, que pode ser grande demais para o seu carro. No entanto, comprar uma caixa desse tamanho para um filhote pode fazê-lo se sentir inseguro. Então, um bom começo pode ser uma caixa média, que você possa usar no carro e que acompanhe seu Golden durante os primeiros nove meses de vida.

O item mais divertido de escolher é a cama do seu cão. Esteja ciente de que seu Golden pode destruir essa cama quando for filhote, então talvez seja melhor escolher uma opção mais barata, desde que a capa pareça durável. Você pode preferir uma cama de plástico, resistente a mordidas, e que pode ficar mais confortável com cobertores velhos ou toalhas fáceis de lavar. Se você está comprando um filhote, pode estar pensando no tamanho que ele terá quando adulto. A realidade, porém, é que ele provavelmente já terá destruído a primeira cama até atingir a maturidade, então ele pode se sentir mais seguro em uma cama que não seja muito maior do que ele precisa naquele momento. Depois que ele tiver perdido os dentes afiados de filhote e aprendido sobre o que não pode morder, ele poderá ganhar uma cama tamanho extragrande, luxuosa e cara, para Golden Retrievers!

Quando você for buscar seu cãozinho, é provável que ele ainda não tenha sua própria coleira e guia, então isso é algo que você precisará escolher. Escolha uma coleira com uma ampla faixa de ajuste se você ainda não sabe o tamanho do cão. No entanto, não escolha uma coleira de enforcamento, pois ela é muito ruim para o filhote. Você também precisará de uma guia curta de encaixe. Evite guias retráteis nessa fase. Essas guias são populares, mas controversas, pois podem falhar ao travar ou causar emaranhamentos, e não incentivam o treinamento adequado. Elas podem ser úteis para cães adultos pequenos com baixa capacidade de retorno ao chamado, mas seu Golden Retriever é inteligente o suficiente para aprender a não precisar de uma guia retrátil. Além disso, devido ao tamanho, força e agitação deles, eles não são uma raça adequada para correr até o fim de uma guia longa.

Um peitoral é sempre uma boa ideia, já que é mais seguro do que uma coleira e guia. O cão pode escapar da coleira, e, se a guia estiver presa à coleira, pode causar tensão nos ossos delicados do pescoço. Um peitoral desvia e distribui essa tensão pela área do peito, que é mais preparada para lidar com isso. Ao treinar seu cão, você usará uma coleira e guia, mas ao levá-lo para ambientes inseguros, especialmente perto de estradas, uma coleira com peitoral é mais recomendada. Você precisará de um peitoral apropriado para o tamanho atual do seu Golden. Embora os peitorais sejam bem ajustáveis, pode ser necessário comprar tamanhos maiores à medida que seu Golden Retriever cresce. Você provavelmente descobrirá que não precisa mais de um peitoral para seu Golden quando ele for adulto e adestrado, já que eles têm excelente resposta ao chamado e geralmente se exercitam sem guia.

Seu novo cão precisará de pelo menos uma tigela de comida e uma tigela separada para água, que deve estar disponível o tempo todo. Essas tigelas não precisam necessariamente vir de petshops; qualquer tigela pesada da cozinha pode funcionar.

Quando for comprar comida para seu novo cão, certifique-se de verificar qual alimento ele já está consumindo, pois quaisquer mudanças devem ser feitas muito gradualmente. O criador pode mandar um pouco da comida que seu Golden está comendo no momento quando você o levar para casa. Se você deseja mudar a alimentação dele, espere algumas semanas enquanto ele se adapta, e só então misture um pouco da comida nova com a comida atual, aumentando gradualmente a proporção ao longo de algumas semanas. Isso protegerá seu Golden contra problemas estomacais devido a uma mudança repentina de dieta.

Embora seja divertido fazer compras para um cãozinho novo, o custo pode ser assustador. No entanto, há maneiras de economizar. Primeiramente, nem tudo o que você compra precisa ser novo. Desde que você lave bem os itens usados, você pode encontrar as coisas da lista de compras em bazares, sites de leilão online, anúncios classificados ou com amigos e familiares. Como já mencionado, você também pode usar toalhas e cobertores velhos. Seu cão não tem noção do quanto você gastou para garantir o conforto dele. Se tudo estiver limpo e for seguro, ele vai gostar, quer venha de uma loja de grife ou de um bazar! Essas preferências são escolha sua.

Apresentando Seu Novo Golden Retriever a Outros Cães

Se você já tem um ou mais cães em sua casa, eles podem não ficar tão empolgados quanto você com a adição de um novo membro peludo à família. Mas há uma maneira certa e errada de lidar com isso.

Foto cortesia de Kristin Stohl-Carlson

Se você está adotando um cão de um abrigo, ele pode já ter conhecido seu cão atual em um encontro prévio. No entanto, como isso provavelmente aconteceu em território neutro, a interação entre eles foi possivelmente mais positiva do que quando o novo cão entrar na casa em que o cão atual já vive.

Se o cão antigo e o recém-chegado já se conheceram em terreno neutro, como em um passeio, isso é um bom começo. No entanto, na maioria dos casos, a primeira vez que eles se encontrarão é quando o novo cão for levado para casa.

Para começar, não é uma boa ideia abrir a porta da frente com o cão recém-chegado e deixar que eles se encontrem pela primeira vez dentro de casa, no território do cão residente (mesmo que seu cão residente esteja acostumado a receber visitas de outros cães). Para começar da melhor maneira, você deve levar o cão residente para o quintal e distraí-lo por um tempo, enquanto outra pessoa acomoda o novo cão dentro de casa. Quando o novo cão estiver razoavelmente calmo, permita que o cão residente entre para conhecer o novo amigo. Tente não intervir demais no contato inicial entre eles e dê-lhes bastante espaço. Pode haver uma certa tensão no ar e até algumas brigas; tudo isso faz parte da organização da nova dinâmica. Você deve estar lá para monitorar a situação e separar os cães, se necessário, mas uma abordagem pesada não os ajudará a construir um vínculo. Por isso, você só deve intervir se for necessário. Deixar os cães juntos no quintal fechado com segurança é um bom próximo passo, pois eles estarão mais inclinados a se dar bem em um espaço menos confinado.

Se seu cão residente é adulto e você trouxe um filhote para casa, você pode esperar que o cão adulto ensine algumas boas maneiras ao filhote atrevido nas primeiras semanas. Por isso, não fique muito alarmado se seu cão mais velho reagir negativamente quando o filhote agitado invadir o espaço dele. Deixar o filhote em uma caixa de transporte pode dar ao seu cão mais velho um tempo de descanso. Eles vão resolver as coisas entre eles com o tempo, e pode ser bom para o filhote receber ensinamentos do cão adulto, além do adestramento e socialização que você dará a ele.

Apresentar seu novo Golden Retriever a outros cães fora de casa é uma etapa vital se ele for um filhote, pois as primeiras 14 semanas da vida dele são críticas para a socialização. Se durante esse período vital ele não tiver sido exposto a muitos ambientes diferentes e a outros humanos e cães, ele pode se tornar medroso durante toda a vida. Então, se você pegar um filhote com oito semanas de idade, você tem seis semanas importantes para preencher com o maior número possível de interações sociais. Como seu filhote ainda não terá a imunidade total do primeiro ciclo de vacinas, ele ainda não poderá sair em locais públicos onde cães não vacinados estiveram. No entanto, os veterinários frequentemente oferecem aulas de adestramento para filhotes que podem ser frequentadas por cães assim que eles receberam as primeiras vacinas iniciais, então você deve perguntar sobre isso ao seu veterinário. Seu filhote também pode, é claro, conhecer os cães de seus amigos, desde que esses cães estejam totalmente vacinados.

Se você adotou um cão resgatado, ele naturalmente terá tido muita exposição a outros cães, mas se ele teve más experiências no passado, pode haver algumas barreiras psicológicas a serem superadas. Um cão resgatado pode até ter uma fobia de certas raças se ele foi atacado no passado. Embora a maioria dos cães resgatados não venha com esse tipo de bagagem, se isso acontecer, você pode precisar ressocializar seu cão com cuidado, proporcionando boas experiências para ele e organizando encontros para ele brincar com cães dóceis selecionados entre seu círculo de conhecidos. Os Golden Retrievers são especialmente atraídos pela própria raça, então se você conhece alguém com um Golden calmo e gentil, isso será um trunfo para ajudar seu cão a superar o medo. No entanto, quando você estiver em público em situações não controladas, sempre precisará estar um passo à frente para identificar situações negativas e evitá-las sem transmitir qualquer sensação de pânico ao seu cão. Aprenda a ler a linguagem corporal de outros cães e sempre afaste seu Golden se parecer que as coisas podem se complicar. Se você construir boas experiências para seu cão medroso, ele aprenderá a confiar em você e ficará mais confiante. Por outro lado, se seu cão for o possível agressor, é sua responsabilidade colocar uma focinheira nele quando estiver em público.

Apresentando Seu Novo Golden Retriever a Crianças

Foto cortesia de
Curtis McCollough

Se você está adotando um Golden Retriever de um abrigo, a equipe do abrigo terá avaliado o cão previamente. Eles não colocarão um cão medroso com uma família que tenha crianças, devido ao risco de o cão morder e ficar muito estressado. Consequentemente, se você tem crianças em casa, e um abrigo respeitável permitiu que você adotasse um Golden Retriever deles, o cão terá sido testado com crianças, e seu trabalho está parcialmente feito. Pelo menos da perspectiva do cão. A outra parte envolve educar as crianças.

Nas semanas que antecedem a chegada do seu

novo Golden Retriever, seja um filhote ou um adulto, você deve levar seus filhos para conhecerem o maior número possível de cães que lidem bem com crianças. Foque especialmente em cães maiores, pois seu Golden crescerá rapidamente se ele ainda não for adulto, e seus filhos precisam saber como respeitar um cão.

Mostre à criança como se aproximar do cão com tranquilidade, oferecendo um punho fechado para o cão cheirar. Em seguida, permita que ela acaricie a parte de trás do pescoço dele. Ensine-a a nunca cutucar o cão ou puxar as orelhas, rabo ou pelo dele, e nunca gritar com o cão ou tocá-lo quando ele estiver comendo, roendo algo ou dormindo. Certifique-se de que a criança saiba que a maneira de brincar com um cão é com brinquedos seguros, pois brincadeiras brutas incentivam a agressão. Se a criança for mais velha, mostre a ela como participar do cuidado diário do cão, alimentando, escovando, brincando, passeando e treinando o cão com você.

A dinâmica entre uma criança e um cão não é a mesma que com um adulto. O cão pode tentar dominar a criança, estabelecendo seu lugar na hierarquia entre o cuidador adulto e a criança subordinada. Isso pode levar o cão a rosnar ou atacar a criança, o que é uma grande barreira para um relacionamento feliz. Felizmente, o Golden Retriever é famoso por ser um cão de família perfeito, além de ser muito adestrável e gostar de agradar, então não deverá ser muito difícil ensiná-lo qual o lugar dele na matilha. No entanto, se os problemas persistirem, vale a pena consultar um comportamentalista para ver se o que pode ser melhorado, antes que o comportamento indesejável crie raízes.

Em famílias com crianças pequenas, é importante ter em mente que deixar o cão dormir no quarto com os humanos adultos, ou mesmo na cama deles, pode encorajar o surgimento de ilusões de superioridade no cão. Portanto, desde o início, se houver crianças pequenas em casa, o cão deve ser treinado para dormir fora do quarto. Envolver as crianças no adestramento e na alimentação do cão também ajuda a estabelecer a posição de autoridade delas acima dele, para reduzir as chances de que elas sejam desafiadas.

Para uma criança, crescer com um cão é uma experiência única. Essa relação as ensina sobre cuidado e respeito, gentileza e responsabilidade. Além disso, também incentiva o exercício físico, e estudos mostram que a exposição a cães diminui alergias e asma em crianças pequenas. As crianças também aprendem a lidar com o desgosto do luto, uma lição difícil, mas necessária para a vida adulta delas. A escolha de um Golden Retriever não apenas proporciona aos seus filhos um melhor amigo, mas moldará o caráter deles e os preparará para o futuro.

CAPÍTULO 6
Adestramento

"Os Golden Retrievers são muito fáceis de adestrar. Uma de suas melhores qualidades é o quanto eles amam agradar as pessoas e querem fazer o que seus tutores pedem."

Angel Martin
Goldensglen Goldens

Como já mencionamos antes neste livro, o Golden Retriever é um cachorro inteligente. A característica oficialmente usada para descrevê-lo pelo padrão da raça é "dócil", o que significa que ele está sempre disposto a agradar. Então, ele só está esperando você dar as instruções! Existe um motivo pelo qual os Golden Retrievers são usados como cães de assistência e em operações de busca e resgate: eles são extremamente adestráveis. Desde o início, você pode estabelecer expectativas altas para seu cão. Mesmo que você não queira levá-lo para um programa de talentos na TV, um cão bem adestrado se encaixará na sua vida com muito mais facilidade e, como consequência, será mais feliz. Com uma raça grande como o Golden Retriever, o adestramento é a chave para um relacionamento familiar harmonioso.

A chave para ensinar seu Golden a obedecer às suas regras está no condicionamento. Este é um princípio que cria conexões no cérebro do seu cão, como evidenciado no caso do cão de Pavlov. No início dos anos 1900, um cientista experimental chamado Ivan Pavlov, que investigava a função digestiva canina, notou que suas cobaias salivavam quando viam comida. Ele então introduziu um som específico na hora das refeições e descobriu que, mesmo quando a comida não estava presente, os cães ainda salivavam ao ouvir o som, demonstrando que um cachorro pode formar associações no cérebro, um processo denominado "condicionamento clássico".

Lembre-se de que a chave para um adestramento bem-sucedido é fazer com que seu cão concentre a atenção dele em você. Aprenda com o cão de Pavlov que a comida é um excelente motivador. Os Golden Retrievers são muito motivados por comida, então treinar com um petisco na mão produzirá resultados rápidos. Você pode usar apenas uma porção da ração dele para o treinamento, ou usar pequenos petiscos de

Foto cortesia de
Dylan Starer

treinamento ou pedacinhos de fígado assado para não adicionar muitas calorias na dieta diária do seu cão. Qualquer que seja sua escolha, você deve ajustar as porções das refeições dele de acordo. O elogio também significa muito para o seu Golden, e, à medida que você progride, pode reduzir os petiscos e apenas recompensá-lo com muito carinho por fazer a coisa certa.

Adestramento Sanitário

Foto cortesia de Amanda and Erik Allworth Fotógrafa - Kristina Noel

Nesta seção, vamos supor que você está trazendo um filhote para casa. No entanto, se você adotou ou comprou um cão adulto, que pode ter vivido em canis ou não ter sido adequadamente treinado, o método de adestramento sanitário é basicamente o mesmo. A diferença entre um filhote e um adulto é que o filhote ainda não tem controle total da bexiga e dos intestinos. Portanto, por mais que ele queira agradar você quando perceber que o lugar para fazer as necessidades é lá fora, se ele não for levado para fora com frequência suficiente, pode acabar fazendo as necessidades dentro de casa. Por outro lado, um cão adulto, na maioria dos casos, tem o controle físico, mas seus hábitos estão mais profundamente enraizados. Em ambos os casos, a paciência é a chave, e o sucesso deve vir mais cedo ou mais tarde.

Existem diferentes estratégias para ensinar seu cão a fazer as necessidades no lugar certo. A primeira é a supervisão ativa, estando sempre pronto para levá-lo para o quintal ou para passear; a segunda é restringir o acesso do seu cão à casa nos estágios iniciais, fechando portas, usando cercadinhos ou instalando portões de escada; e a terceira é o treinamento com caixa de transporte. No entanto, todas essas abordagens exigem uma rotina programada de pausas para as necessidades, que deve incluir pausas extras após o cão comer, beber água, brincar ou acordar de uma soneca.

O princípio básico do adestramento sanitário é fazer com que seu cão aprenda por associação qual o local apropriado para urinar ou defecar. Para isso, ele é guiado por duas coisas: cheiro e textura. Usar tapetes higiênicos dentro de casa pode ser contraproducente, porque o cão associará superfícies macias, como móveis e roupas, a lugares aceitáveis para fazer as necessidades. Desde o início, ele precisa reconhecer a textura da grama sob suas patas para ser incentivado a fazer as necessidades lá fora. Portanto, é importante levá-lo para passear ou soltá-lo no quintal com muita frequência nos estágios iniciais, para que ele tenha muitas oportunidades de fazer as necessidades no local apropriado. Logo no começo, ele não saberá o que você espera que ele faça ali. Por isso, você precisa ter paciência e esperar que ele sinta vontade e comece a fazer as necessidades. Neste momento, e não antes, você pode usar uma palavra de comando (por exemplo, "Vai") para que ele associe a palavra à ação. Você pode usar esse comando depois que ele tiver aprendido, para promover a ação, mas não use antes de ele entender. Caso contrário, você estará usando o comando inutilmente, tentando formar uma conexão com uma ação que ele não está fazendo, e a associação será perdida.

Depois que seu cão fizer as necessidades no local correto, faça um grande alvoroço e dê um petisco para ele. Se estiver usando um clicker (que é um método de reforçar o condicionamento), clique e recompense imediatamente após seu cão ter terminado. Não o distraia com elogios e recompensas enquanto ele estiver no processo, pois ele pode não terminar a tarefa.

Quando seu cão já estiver fazendo as necessidades adequadamente ao ar livre por um tempo, a tarefa se tornará mais fácil, pois ele terá estabelecido áreas onde reconhece o próprio cheiro. Você também pode descobrir que ele é naturalmente inclinado a urinar ao ar livre para disfarçar o cheiro de qualquer animal selvagem que passe ou gatos da vizinhança que possam ter visitado seu quintal.

Embora o nariz sensível do cachorro seja uma vantagem para você nesse momento, ele pode ser um problema se o cão tiver feito as necessidades dentro de casa e a área suja não tiver sido limpa adequadamente, pois ele retornará a essa área e fará as necessidades ali novamente. É importante usar um limpador enzimático para decompor a ureia na área suja e não usar nenhum limpador contendo amônia, que cheira como urina para um cão. Em seguida, se tiver um carpete ou tapetes no local, você pode usar um limpador de carpetes para evitar manchas.

Um dos piores erros que um tutor pode cometer no adestramento sanitário de um cão é usar punição severa. Seu Golden Retriever aprende por associação, então, se ele for punido quando for flagrado fazendo as necessidades dentro de casa, ele associará a punição a fazer a ação na presença do humano, não a fazê-la em um local inadequado. Ele então pode se tornar um "fazedor de necessidades escondido", escapando para fazer as necessidades dentro de casa. A coisa certa a se fazer ao pegar seu cão no flagra é dizer "não" com firmeza e levá-lo para fora, onde você pode dar-lhe um tapinha tranquilizador. Se você encontrou a sujeira, mas não o pegou no flagra, não é mais hora de usar palavras severas, então você deve apenas limpar e retomar o treinamento positivo na próxima oportunidade.

Um adestramento sanitário paciente e consistente, com muitas oportunidades de treinamento, deve resultar em um cão bem treinado, mas certifique-se de não parar de treinar seu cão quando achar que ele "entendeu". O hábito precisa se tornar profundamente enraizado, então você deve continuar com o reforço positivo muito depois de ver resultados. Se em qualquer estágio seu cão já adestrado começar a regredir e fazer as necessidades na casa novamente, vale a pena consultar seu veterinário, pois isso pode ser sintoma de alguma doença ou infecção. Por outro lado, se for um problema psicológico, um comportamentalista pode ajudar você a lidar com essa mudança inexplicada nos hábitos do seu cão. Para um cão tão inteligente quanto um Golden Retriever, regredir é um passo incomum, então isso sempre deve ser levado a sério. Um cão adestrado conhece as regras e ficará tão chateado por desagradar você quanto você ficará por encontrá-lo sujando a casa.

Como Ensinar o Comando "Senta"

O primeiro comando que você ensinará ao seu cão é "Senta". Além de ser um comando vital para a segurança dele em certas situações, é um primeiro passo simples para começar a se comunicar com ele.

Certifique-se de que a atenção do seu cão está toda em você. Isso não será um problema com um Golden Retriever, pois a única coisa que ele ama mais do que o humano preferido dele é esse mesmo humano com comida na mão. Agora, com um movimento suave, guie o cão para a posição sentada, movendo sua mão com o petisco para cima e sobre a cabeça dele. Ele abaixará o quadril instintivamente. Somente depois que o traseiro dele estiver completamente no chão, dê o petisco ao seu cão e o elogie.

(Se você estiver usando um clicker, clique e dê o petisco a cada vez que ele fizer a coisa certa. Clickers são um reforço associativo opcional para indicar que a ação está correta.)

Nesta fase, você não está usando nenhuma palavra de comando. Somente depois que a ação estiver firmemente estabelecida após várias repetições, você deve usar a palavra "Senta" enquanto faz o movimento com a mão, pois pode prever com segurança que isso resultará em um sentar. Dessa forma, o cérebro do seu cão vai associar a palavra "Senta" à ação de sentar.

Com mais repetições, você pode desacostumar seu cão ao sinal de mão, tornando o gesto menor, até que você não esteja usando nenhum sinal de mão ou linguagem corporal, mas apenas a palavra para fazer com que ele sente. Seu timing é muito importante para recompensar o comportamento correto com um petisco e elogio.

O próximo passo é desacostumar o cão a receber o petisco, já que na prática você não terá um petisco à mão toda vez que quiser que seu cão se sente (e isso nem seria bom para a cintura dele). Então, à medida que você continua o comando, não dê o petisco em todas as repetições. Você ainda pode elogiar seu cão, mas dê o petisco em apenas algumas repetições.

Você não precisa atingir todas essas etapas em uma única sessão de adestramento. Faça sessões curtas e termine de uma forma positiva. Incorpore o adestramento à rotina diária dele para que logo se torne natural, e isso não será cansativo para nenhum de vocês!

Como Ensinar o Comando "Fica"

Embora o comando "Fica" possa ser ensinado junto com a palavra, outro método é o "Fica Silencioso". Ele pressupõe que depois de você ter colocado o cão na posição sentada, você deseja que ele permaneça nessa posição até que o libere. "Fica", portanto, não precisa de uma palavra, mas seu cão pode ser liberado por um comando como "Livre".

Para ensinar este método, coloque seu cão na posição sentada e mantenha a atenção dele dizendo a ele que é um bom garoto. Então, quando ele estiver sentado atentamente, tire-o da posição sentada mostrando um petisco em sua mão. Quando ele se levantar, use a palavra "Livre".

Nos estágios iniciais, o tempo que o seu Golden permanece na posição sentada deve ser muito curto, antes que ele perca a atenção e se levante por conta própria. Você precisa manter o controle das ações dele.

Ele logo aprenderá que pode ganhar um petisco se ficar sentado até que você o libere. Aumente o tempo no "fica" silencioso à medida que você progride, incluindo afastar-se dele antes de liberá-lo da posição.

Se você deseja usar a palavra "Fica" enquanto ele está parado, para reforçar, não tem problema, mas você ainda deve usar a palavra "Livre" para liberar seu cão dessa posição.

Como Ensinar o Comando "Deita"

Foto cortesia de Claire Moody

É mais fácil começar a ensinar o comando "deita" a partir da posição sentada, então você deve pedir ao seu cão para sentar e recompensá-lo para focar a atenção dele em você.

Ajoelhe-se na frente do seu cão para garantir um bom contato visual e traga um petisco ao nariz dele. Depois, segurando o petisco dentro da sua mão fechada, leve o petisco até o chão entre as pernas dele e perto do corpo. Por instinto, seu cão deve abaixar as patas dianteiras, mas você não deve recompensá-lo até que ambos os cotovelos estejam firmemente apoiados no chão. Ele também deve abaixar o quadril, mas, se não o fizer, você não deve empurrar, pois isso cria resistência. Em vez disso, use seu outro braço como um apoio. Coloque esse braço sobre as costas do cão e mova o petisco para frente, para que, ao rastejar para frente em direção ao petisco, o cão tenha que abaixar as costas sob seu outro braço.

Repetir este exercício várias vezes seguidas deve levar a uma resposta mais automática, mas no caso improvável de seu Golden Retriever demorar para aprender, você pode ensinar o comando aos poucos, recompensando primeiro uma inclinação da cabeça, depois o abaixar dos cotovelos, até que a posição completa de deitar seja alcançada.

Quando seu cão estiver se sentindo bem com você ajoelhado ao lado dele, mude para uma posição agachada e depois fique em pé. Isso tornará o comando mais desafiador, pois você não estará trazendo o petisco até o chão para que o nariz dele siga.

Assim como o comando "Senta", você não deve usar a palavra "Deita" até que seu cão esteja sendo guiado de forma consistente para a posição correta com o petisco. O próximo passo é desacostumá-lo a receber o petisco para que ele aja consistentemente só com a palavra. Assim como com "Senta", não recompense em cada repetição, mas alterne os momentos em que ele recebe um petisco ou só alguns elogios.

Adicionar o "fica" silencioso ao comando "deita" é o próximo passo para ter um cão que vai deitar e permanecer deitado, o que pode ser extremamente útil quando você tem visitas. Assim como o comando "Fica", você deve liberar seu cão da posição com a palavra "Livre". Inicialmente, libere-o após alguns segundos, aumentando o tempo que ele permanece na posição deitada. Mas lembre-se de liberá-lo no final da sessão de adestramento, ou seu cão obediente pode ficar com muito medo de se levantar e continuar esquecido na posição deitada!

Como Ensinar a Andar na Guia

Seu filhote de Golden Retriever vai crescer e se tornar um cão grande e forte, então ensiná-lo desde o início a andar bem em uma guia solta é fundamental. A dificuldade inicial é que os filhotes são naturalmente agitados e estarão mais inclinados a pular e morder a guia do que ser conduzidos por ela aos pés do tutor. Alcançar esse objetivo vai exigir tempo e paciência.

Você precisa ter expectativas realistas sobre passeios ao treinar seu cão a andar com a guia. Isso porque você não estará indo em uma única direção ou velocidade. Você também terá que trabalhar para captar a atenção total do seu cão, sendo uma pessoa empolgante de estar por perto, e mais interessante do que o ambiente ao redor. Para seu Golden, a guia o impede de ir aonde ele quer, e ele instintivamente puxará. Ele precisa desassociar o ato de puxar a guia ao resultado de chegar onde quer, e associar a caminhada com a sensação de uma guia folgada. Isso significa que toda vez que ele puxar, você vai parar. Coloque-o na posição sentada para que você possa recolher a guia, então prossiga. No início, seu passeio será uma sequência contínua de parar e avançar, e você também deve continuar mudando de direção para manter o cão interessado. Eventualmente, ele perceberá que há muito mais caminhada e muito menos paradas e sentadas quando a guia não está totalmente esticada, e deduzirá que o lugar certo para estar é ao seu lado. Tenha petiscos de adestramento à mão para reforçar o comportamento correto quando ele estiver andando como você desejaria.

Foto cortesia de
Samantha Hector

Se você está frequentando aulas de adestramento para filhotes, pode acontecer de seu filhote de Golden Retriever aprender muito rapidamente na aula e se comportar bem com a guia. No entanto, quando passear com ele na rua, ele pode ficar desobediente. Isso não é muito surpreendente, já que há muito mais distrações lá fora. Seu desafio é trabalhar um pouco mais para manter a atenção dele na rua, pois você já sabe que ele consegue fazer isso em um ambiente diferente. Pode parecer frustrante quando você só quer um passeio tranquilo no parque com seu cão, mas esse momento chegará. Os primeiros meses são para treinamento, que é uma experiência completamente diferente, mas um investimento muito valioso para os anos que virão.

Como Ensinar a Andar Sem Guia

Seu Golden Retriever foi criado para trabalhar no campo. Por isso, é natural para ele correr sem guia e gastar muito mais energia do que se estivesse trotando ao seu lado pelo mesmo período de tempo. O problema inicial para atingir esse estágio de confiança é fazê-lo voltar.

Ao investir tempo e energia ensinando ao seu cão comandos como sentar, deitar e ficar, você também está ensinando a ele a voltar, porque está estabelecendo um vínculo entre vocês, exercendo sua posição de autoridade, além de ensiná-lo o nome dele. O Golden Retriever é uma raça muito dedicada e que gosta de agradar seus tutores, então é natural que ele queira voltar para você. O problema é que ele pode querer fazer isso no tempo dele.

Assim como no treinamento anterior, você precisa ter petiscos no bolso ao ensinar o retorno. Uma distração na rua precisará ser muito atraente para um Golden Retriever para desviá-lo de um petisco. Para alguns Goldens, uma bola pode ser uma grande motivação para que ele se mantenha focado em você quando estiver sem guia. No entanto, você precisa deixar seu Golden se afastar de você; caso contrário, estar sem guia não produzirá o resultado de ele correr livremente, para o bem da mente e do corpo dele. Então, enquanto o chama de volta regularmente e o recompensa pela atenção imediata, você deve liberá-lo novamente com o comando "Livre". O comando "Vem" é o mais ideal para o retorno, pois é mais fácil associá-lo à ação do que se você apenas chamasse o nome do cão.

Comece o treinamento de retorno em um espaço fechado e seguro antes de se aventurar em campo aberto. Uma guia retrátil não será útil para você ensinar seu cão a andar sem guia, pois ele ainda sentirá o contato, e ela não dá alcance suficiente. Já uma guia de adestramento pode

*Foto cortesia de
Jamie Smith*

ser útil se você não tiver um espaço fechado e seu cão puder fugir. Essas guias são extremamente longas e devem ser leves. Elas devem ser presas a uma peitoral para que, se seu cão correr até o final dela, não receba um puxão brusco no pescoço. O cão quase não sentirá que está preso a uma guia, e você terá a segurança de poder trazê-lo de volta de longe se o comando der errado. As guias de adestramento não devem ser usadas perto de outras pessoas ou cães, pois há risco de emaranhamento.

É importante ressaltar que seu Golden pode aprender o comando de retorno rapidamente; faz parte da natureza dele, e ele pode retornar ao seu comando de forma muito consistente. No entanto, muitos cães regridem temporariamente quando são adolescentes. Em um Golden Retriever, isso ocorre por volta dos 8-18 meses de idade. Este pode ser um período desafiador, pois o cão passa a ser guiado por seus próprios instintos e, embora isso possa afetar todo o adestramento, o retorno pode ser a coisa mais alarmante de se perder devido ao perigo de perder seu companheiro peludo. Se você notar que seu cão está se tornando mais desobediente para voltar a partir dos 8 meses, não entre em pânico, pois é só uma fase. No entanto, pode ser preciso passear com ele em espaços mais confinados por um tempo, como em um parque, em vez de um campo aberto. Além disso, certifique-se de que ele esteja usando uma coleira e uma plaquinha de identificação caso ele se perca. Você pode até cogitar voltar à guia de adestramento e aos petiscos no bolso, mas não desanime. Após este breve período, seu cão estará pronto para entrar na vida adulta, e todo o adestramento inicial voltará como num passe de mágica.

Agility e Flyball

Por serem tão inteligentes e atléticos, os Golden Retrievers são super adequados para o Agility. Se você tem um cão com muita energia, o Agility pode ajudar muito no gerenciamento da hiperatividade dele, além de proporcionar um passatempo divertido que manterá vocês dois em forma.

Filhotes jovens não podem participar do Agility devido ao risco de machucar ossos em crescimento e placas de crescimento. No entanto, esses primeiros meses podem ser bem aproveitados no treinamento de obediência, para que quando seu cão puder começar com o básico do Agility aos doze meses, ele consiga focar em seu mestre, saiba seguir comandos, e entenda os princípios do adestramento com recompensa.

O Agility envolve guiar o cão por uma pista de obstáculos em um certo tempo, e é pensado de forma que, no início, seu cão só pule varas muito baixas. Nesta fase, ele também aprenderá os outros elementos do percurso, como o túnel, aros, a rampa em A, a passarela, a gangorra e os slaloms. À medida que os ossos e articulações atingem a maturidade, o percurso se torna mais exigente. A maioria dos Golden Retrievers adora o desafio e o exercício que o Agility proporciona, e isso fortalecerá a conexão entre vocês. Se seu cão não parecer gostar e parecer estressado com a experiência, talvez você precise aceitar que a personalidade dele é diferente, e procurar uma atividade que ele realmente goste.

O Flyball é outro passatempo divertido que seu Golden Retriever pode gostar. Ele envolve recuperar uma bola do final de um percurso de obstáculos e retornar com ela. Naturalmente, recuperar objetos é a maior habilidade do seu Golden!

Se você não é tão ativo e acharia problemático correr uma pista de Agility com seu cão, o Flyball pode ser uma opção mais atraente, pois, na maior parte do tempo, o cão se movimenta sozinho.

Assim como no Agility, seu cão precisa ter doze meses antes de começar a praticar Flyball, para garantir que as placas de crescimento estejam fechadas. Mesmo assim, os estágios iniciais envolvem apenas saltos baixos. Seu cão deve ter um bom comando de retorno, porque ele passará por baixo do percurso para recuperar a bola antes de retornar. As corridas para iniciantes geralmente são cercadas.

O treinamento de obediência fornecerá uma base sólida nos primeiros meses antes do seu cão começar o Flyball. Condicionamento físico e dieta também são muito importantes para um cão que vai participar de atividades de alta energia como Agility e Flyball.

Adestrar um Golden Retriever é muito emocionante devido à capacidade inata que eles têm de aprender. Além de ser muito gratificante, treinar um Golden cria uma conexão que mostra por que os cães são conhecidos como nossos melhores amigos. Nesse ponto, o Golden Retriever é o melhor embaixador da espécie e, às vezes, parece quase humano!

CAPÍTULO 7
Viajando

"Os Golden Retrievers são companheiros de viagem maravilhosos. Eles têm espírito aventureiro e são extrovertidos. Os Goldens querem acompanhar seus tutores para todos os lugares e centram suas vidas em estar com seus humanos."

Jill Simmons
PoeticGold Farm

Preparativos para Viagem

A maioria dos tutores passará por diversas situações em que precisarão viajar com seus cães. Isso pode envolver distâncias curtas, como idas até o veterinário ou a um local de passeio, ou pode ser uma longa jornada, talvez até internacional.

Existem outras opções além de viajar de carro com um cão. Os cães também costumam ser permitidos em transportes públicos, inclusive trens e aviões. Os preparativos serão muito diferentes dependendo do tipo e duração da viagem.

Se você está planejando uma viagem longa, é uma boa ideia começar os preparativos com uma visita ao veterinário. Isso é essencial porque você não deve viajar longas distâncias com seu cão se ele não estiver bem. Um check-up geral garantirá que a saúde dele esteja em ótima forma. Esta também é uma excelente oportunidade para verificar se todas as vacinas estão em dia. Se não estiverem, você pode aproveitar o momento para o seu cão tomar uma dose de reforço. Você também pode adquirir vermífugos e produtos para prevenção de pulgas para a duração da viagem, para que esses tratamentos não vençam, além de outros medicamentos de uso contínuo, para que não haja interrupção no tratamento durante a viagem. Se você estiver viajando para fora do país, a maioria dos países exigirá que a vacina antirrábica esteja em dia, podendo até exigir um exame de sangue para comprovar que a vacina foi eficaz. Além disso, para alguns destinos, pode ser necessário preencher uma documentação de exportação, bem como passaporte e regis-

Foto cortesia de David A Ring

tros de vacinas. Todos esses documentos podem ser assinados pelo seu veterinário durante a consulta. É sua responsabilidade garantir que seu veterinário tenha assinado toda a documentação relevante para seu cão, então certifique-se de pesquisar as exigências do local para onde você está viajando.

Se seu cão precisar consultar um veterinário enquanto você estiver viajando (o que esperamos que não aconteça), você deve encontrar o mais próximo que possa atendê-lo. Dedique algum tempo para pesquisar os veterinários da área onde você estará, e salve no seu celular as informações de contato em caso de emergência. Também tenha em mãos os dados do seu veterinário de confiança, pois pode ser necessário contatá-lo para compartilhar informações médicas.

Se seu cão fugir enquanto você estiver viajando, ele não estará no local que já conhece e, portanto, é improvável que retorne sozinho. Por isso, é uma atitude responsável garantir que ele tenha identificação. Um microchip é a melhor opção, pois é uma forma permanente de identificação. No entanto, certifique-se de que seus dados de contato estejam atualizados junto à empresa do microchip, pois um microchip registrado com um endereço antigo ou número de celular desatualizado é inútil. Outra maneira envolve o uso de uma coleira com uma plaquinha de identificação. A plaquinha deve ter o número de contato, bem como um endereço. Algumas pessoas preferem não colocar o nome do cão na plaquinha, pois alguém com más intenções poderia chamá-lo pelo nome. Durante a viagem, você pode colocar uma plaquinha temporária com o local onde está hospedado, se desejar, embora isso não seja tão necessário quanto a plaquinha com os dados do endereço permanente.

Viajando de Carro

Foto cortesia de Kylee Cohoon

Muitos cães lidam surpreendentemente bem com viagens de carro, mas se o seu Golden não é um desses, existem algumas soluções simples. Você pode treinar com seu cão antes da viagem, caso ele esteja nervoso. Inicialmente, permita que ele se sente no carro estacionado na garagem. Ele pode jantar lá dentro ou brincar com você por um tempo, para que saiba que é um lugar agradável. Antes de uma longa viagem de carro, você pode treinar dirigindo em trajetos curtos para acostumar seu cão com o movimento do veículo.

Se seu cão não fica ansioso no carro, mas fica enjoado ou baba muito, isso pode ser um sinal de náusea. Assim como os humanos, os cães podem enjoar devido ao movimento. Se você estiver fazendo uma viagem curta, pode viajar com seu cão de estômago vazio, o que ajudará com a náusea. No entanto, se você tem uma longa jornada pela frente, existem excelentes medicamentos para enjoo que você pode solicitar ao seu veterinário e dar ao seu cão 30 minutos antes da viagem.

Ao viajar com um cão no carro, existem várias opções para mantê-lo seguro. Não há uma maneira certa ou errada, mas alguns tutores preferirão uma opção em vez de outra. A primeira opção é transportar o cão em uma caixa de transporte no porta-malas do carro. Esta é uma excelente opção se você treinou seu cão para usar a caixa desde filhote, pois ele a verá como um refúgio seguro, e, portanto, ficará menos ansioso no carro. A caixa deve ser grande o suficiente para que seu cão possa ficar em pé, virar-se e deitar-se sem tocar nas laterais. Para um Golden Retriever, isso significa que deve ser uma caixa grande. Ela deve ser feita de arame ou material resistente, com laterais respiráveis, como uma tela. Deve ser colocada no porta-malas do carro de modo que haja fluxo de ar através dela, para garantir que não fique muito quente ou abafada para seu cão. Também não deve haver superfícies pontiagudas dentro dela nas quais seu cão possa se machucar.

Se você não gosta da ideia de uma caixa de transporte, pode colocar seu Golden no porta-malas do carro sem ela. Dessa forma, ele terá um pouco mais de liberdade para se movimentar e olhar pelas janelas. No entanto, ele pode ver isso como uma oportunidade de pular sobre o encosto dos bancos para se juntar a você na seção principal do carro. Por isso, se você escolher esta opção, vale a pena investir em uma grade de proteção para impedir que isso aconteça.

No entanto, a maneira mais segura para seu cão viajar é com uma coleira peitoral canina presa a um cinto de segurança. Essas coleiras podem ser compradas em petshops e lojas online, e se fixam nos cintos de segurança do banco traseiro. Em caso de acidente, isso garante que seu cão não sofra danos que podem ser evitados, e que ele permaneça em um só lugar e não tente se juntar a você enquanto você estiver dirigindo, o que é muito importante para a segurança e pode invalidar seu seguro. Algumas pessoas não gostam dessa opção, pois ela exige que o cão ocupe um assento que poderia ser ocupado por um humano, e significa que os bancos traseiros podem ficar cobertos de pelos e baba. No entanto, este último ponto pode ser facilmente resolvido usando uma capa para bancos quando o cão estiver no carro. Existem capas feitas especialmente para cães que cobrem todo o banco traseiro.

Foto cortesia de Linda Walkowiak

Ao viajar com toda a sua família, incluindo seu cão, as crianças podem ficar entediadas. Embora seu Golden normalmente seja uma ótima fonte de entretenimento para elas, certifique-se de que as crianças não provoquem ou incitem o cão enquanto você estiver viajando, pois ele não poderá se afastar delas se desejar. Isso pode tornar a viagem desagradável para o seu Golden.

Além disso, certifique-se de que tudo o que você possa precisar esteja facilmente acessível. Isso inclui água e comida para seu cão, bem como uma guia. Seu cão deve receber água a cada 4 horas e comida a cada 12 horas, pelo menos. Ele também ficará agradecido se você deixar ele se exercitar e fazer as necessidades com frequência, pois ficar sentado no carro por longos períodos pode se tornar desconfortável. Se você parar rapidamente para ir a uma loja ou abastecer, nunca deixe seu cão sozinho no carro. Os cães podem morrer rapidamente em carros que não têm janelas abertas ou ar-condicionado.

Viajando de Avião

Se você está viajando de avião, especialmente se for uma viagem internacional, pesquise bem, pois companhias aéreas e países têm requisitos diferentes. A maioria das companhias aéreas exige um atestado de saúde emitido no máximo 10 dias antes da viagem. Isso pode ser fornecido pelo seu veterinário. Além disso, passaportes, documentação de exportação e vacinas, especialmente a antirrábica, devem estar preenchidos e atualizados.

A maioria das companhias aéreas exigirá que o cão esteja em uma caixa de transporte. Enquanto algumas raças pequenas podem viajar na cabine, infelizmente seu Golden Retriever quase certamente terá que viajar no compartimento de carga. Existe uma exceção se seu Golden for um cão de assistência de algum tipo. A companhia aérea com a qual você vai viajar poderá fornecer as especificações para a caixa de transporte necessária. Seu cão não poderá viajar se tiver menos de 8 semanas de idade. Algumas companhias aéreas, no entanto, estabelecem uma idade mínima de 12 semanas.

Se a temperatura estiver abaixo de 7°C ou acima de 29°C durante a partida, chegada e conexões, seu cão não poderá viajar segundo as regulamentações internacionais padrão. No entanto, no Brasil, onde temperaturas acima de 29°C são muito comuns, especialmente em cidades como Rio de Janeiro, Brasília, Salvador e outras regiões do Norte e Nordeste, muitas companhias aéreas adaptaram suas políticas para o clima tropical brasileiro. Algumas exceções podem ser feitas se seu cão estiver acostumado a essas condições, mas você deve apresentar um atestado veterinário explicando isso; a duração máxima permitida nessas temperaturas é de 4 horas. É essencial verificar com sua companhia aérea específica quais são suas políticas para voos domésticos e internacionais partindo do Brasil, pois podem haver adaptações para o clima local.

Hospedagem

Antes de reservar sua hospedagem, entre em contato com a empresa para ter certeza de que eles permitem cães em suas instalações. Muitos locais não aceitam cães. Se você tiver a sorte de passar férias em um lugar que aceita, é importante lembrar que nem todos ali podem estar acostumados ou até mesmo gostar de cães. Tente manter seu cão quieto; por isso, não o deixe sozinho se isso costuma fazê-lo latir. Além disso, quando você passear com ele, certifique-se de recolher qualquer sujeira que ele tenha feito durante o passeio. Quando chegar à hospedagem, pergunte ao recepcionista qual é o melhor lugar para passear com seu cão, pois algumas áreas podem ser proibidas.

Tente entender e respeitar que aquela não é sua casa, e que depois que você sair, outros hóspedes chegarão. Portanto, não permita que seu cão suje o quarto ou destrua móveis. Ao final da estadia, uma simples limpeza deve ser suficiente para deixar o quarto sem vestígios da presença de um cão.

Deixando Seu Cão em Casa

Se você não deseja viajar com seu Golden Retriever, existem muitas opções de onde deixar seu cão quando você estiver fora.

A primeira opção é pedir a amigos ou familiares que cuidem dele. Isso geralmente é feito como um favor em vez de um serviço pago, então tente facilitar o máximo possível para seu amigo ou familiar. O ponto positivo disso é que você conhece bem a pessoa que vai cuidar do seu cão e sabe que ele ou ela é responsável. Você também sabe como é o lugar onde seu cão vai ficar. Certifique-se de deixar ração suficiente com eles, e leve a cama, brinquedos, e guia ou peitoral para que eles não precisem fornecer essas coisas. Se seu amigo ou familiar já tiver um cão, certifique-se de testar a interação dos cães antes de deixar o seu lá. O outro cão pode não ficar satisfeito em ter um novo animal em seu território, então permita que eles se encontrem em terreno neutro, como durante um passeio ou no quintal.

Outra opção para seu Golden Retriever é reservar uma vaga em um hotel para cães. Alguns desses hotéis têm uma má reputação, mas na verdade existem estabelecimentos excepcionalmente bem administrados, por isso vale a pena fazer uma pesquisa e ler avaliações antes de escolher um hotelzinho para o seu Golden. Nesses hotéis, os cães ficam em canis internos ou externos, que geralmente consistem em uma pequena área para caminhar, com uma área para dormir ou descansar na parte de trás. Uma ou duas vezes por dia, eles são soltos em uma grande área comum ou levados para passear. Isso permite que eles se exercitem e brinquem com outros cães. Os hotéis para cães geralmente são administrados por tratadores muito experientes; no entanto, seu Golden não receberá atenção individual como receberia em outros lugares. As vacinas do seu cão precisam estar atualizadas para que ele possa ficar no hotel, então certifique-se de fazer isso e pedir ao seu veterinário para fornecer um registro assinado antes de viajar.

Por fim, a opção mais cara, mas provavelmente a melhor em termos de segurança, é contratar um cuidador de casa ou um serviço de *petsitter* para ficar na sua casa enquanto você estiver fora. Isso garante que seu Golden seja cuidado no local que ele já conhece. Esta é a opção menos estressante para ele. Esses cuidadores não precisam de treinamento formal, então certifique-se de escolher alguém profissional e com experiência. Pode ser uma boa ideia convidar essa pessoa para acompanhar você e seu Golden em um passeio, ou vir à sua casa para que seu cão se acostume com ela.

Foto cortesia de Heather Dawson

Independentemente de você decidir viajar com seu cão ou não, as férias devem ser uma experiência divertida para todos. Portanto, tente não se preocupar e planeje com bastante antecedência. Dessa forma, tanto você quanto seu Golden Retriever poderão aproveitar ao máximo.

CAPÍTULO 8
Nutrição

Importância da Nutrição

"Nós damos aos nossos Golden Retrievers óleo de peixe selvagem e ovos, que ajudam a pele e o pelo a permanecerem bonitos e macios. Como os Goldens são mais propensos ao câncer do que muitas outras raças, é aconselhável não economizar quando se trata de alimentação, e oferecer dietas balanceadas com alimentos integrais, se possível cruas. Ou garantir que enchimentos baratos como milho, trigo e soja não estejam presentes."

Katie
Grizzly Kennels

A nutrição desempenha um papel fundamental na vida diária do seu Golden Retriever. Para o bem dele, é importante dedicar atenção especial para garantir que ele tenha uma dieta balanceada. Isso será benéfico para vocês dois, pois uma dieta adequada permitirá que ele tenha saúde plena, esteja sempre cheio de energia e se sentindo ótimo. Isso, por sua vez, garantirá que você tenha um Golden Retriever brincalhão e feliz, como eles devem ser.

Com tantas opções no mercado, pode ser difícil decidir o que dar ao seu cão. Os Golden Retrievers se adaptam a muitos alimentos; no entanto, existem algumas coisas específicas para se observar ao examinar as prateleiras. Eles têm pelagem longa e exuberante, que se beneficia muito de uma dieta rica em ácidos graxos ômega-3 e ômega-6. Esses nutrientes ajudam a pele a ser uma barreira eficaz, além de permitir que o pelo fique cheio de vitalidade. O ômega-3 e o ômega-6 também ajudam a manter o bom funcionamento das articulações. Como falaremos no Capítulo 12, os Golden Retrievers podem ter tendência a apresentar problemas de saúde nas articulações. Os ácidos graxos ômega ajudam a manter o fluido articular viscoso e bem lubrificado, além de diminuir a inflamação.

Se você precisa de ajuda para escolher a dieta mais adequada para o seu Golden Retriever, a melhor pessoa para consultar é um nutricionista canino. Muitos tutores, criadores e até veterinários afirmam que sabem a melhor dieta para o seu cão; no entanto, para obter conselhos imparciais, holísticos e profissionais, um nutricionista canino será seu melhor recurso.

Alimentos Comerciais

A maioria dos pet shops e clínicas veterinárias oferece uma grande variedade de ração para cães, disponíveis em muitos tipos de preparações de muitas marcas diferentes. Escolher pode ser difícil, especialmente para um novo tutor que nunca teve um cão antes.

Depois que você buscar seu novo filhote de Golden Retriever com o criador, a melhor opção de dieta para seu filhote é continuar com o que o criador estava oferecendo, que provavelmente será uma ração comercial para filhotes nutricionalmente completa. A exceção a isso é se o criador estava alimentando o filhote com uma dieta BARF, que será dis-

Foto cortesia de Kellie Blood

cutida mais adiante neste capítulo. Manter o filhote com o mesmo alimento garantirá que o estômago dele não fique desregulado em um momento em que tudo está mudando na vida dele. Se você deseja trocar para outra marca de ração, é melhor fazer isso gradualmente, ao longo de algumas semanas. A mudança pode ser feita depois que ele tiver uma ou duas semanas para se adaptar ao seu novo lar.

Um filhote deve sempre se alimentar de uma ração específica para filhotes ou cães júnior. A razão por trás disso é que os filhotes têm requisitos nutricionais e de crescimento diferentes dos adultos. Como estão crescendo, eles precisam de muito mais proteína para desenvolver força muscular, mais calorias por quilo de peso corporal para toda a energia que estão gastando, e quantidades diferentes de cálcio e fósforo do que os adultos, para garantir que seus ossos cresçam saudáveis e fortes.

Quando atingem o tamanho adulto, o que ocorre por volta dos 9-18 meses de idade, eles podem ser gradativamente transferidos para uma ração adulta. Alguns tutores optam por oferecer aos cães uma ração para "adulto jovem" ou "cão ativo" durante os primeiros anos da vida adulta, e embora elas sejam altamente benéficas para um Golden Retriever jovem e cheio de energia, não são essenciais.

Assim como os cães mais jovens têm rações específicas para sua idade, os cães mais velhos também têm a opção de ração sênior. A ração sênior garantirá que seu cão idoso se mantenha em ótima forma quando a saúde começar a decair. Daremos mais detalhes sobre dietas sênior no Capítulo 16.

Além da escolha de ração para cada fase da vida, os alimentos comerciais também estão disponíveis em preparações úmidas e secas. A maioria dos tutores terá uma preferência pelo que consideram melhor; no entanto, existem prós e contras para ambos, e não há nada de errado em alimentar com uma mistura das duas opções.

A ração úmida costuma ser mais palatável do que a ração seca, então se você tem um dos raros casos de um Golden Retriever que é exigente para comer, ele pode achar essa opção mais apetitosa. A ração úmida está muito mais próxima do alimento natural que um cão comeria na natureza, e costuma ter uma fonte de proteína de carne como ingrediente principal. No entanto, como a maioria das rações úmidas tem mais de 70% de teor de água, seu cão pode precisar de muitas latas de ração por dia se se alimentar com uma dieta inteiramente úmida.

A ração seca, por outro lado, é muito mais concentrada em termos de nutrientes. Um pequeno volume de ração seca de alta qualidade é suficiente para que o cão receba todos os nutrientes diários de que precisa. Infelizmente, a ração seca pode ser preenchida com enchimentos amiláceos sem valor nutritivo. Por isso, ao comprar uma ração seca para cães, ela deve ser de alta qualidade e ter um componente de carne como ingrediente principal. A ração seca é muito mais benéfica para os dentes do seu cão se comparada à ração úmida, pois ajuda a remover o tártaro acumulado nos dentes do cão enquanto ele mastiga os grãos.

No entanto, fique tranquilo: se uma ração está na prateleira, ela deve ter atendido aos padrões do Ministério da Agricultura, Pecuária e Abastecimento (MAPA). No Brasil, a responsabilidade da regulamentação das rações para cães e gatos é do MAPA, prevista na Lei nº 6.198, de 26 de dezembro de 1974, e sua regulamentação pelo Decreto nº 6.296 de 2007. A Instrução Normativa Nº 9, de 09 de julho de 2003, regulamenta os padrões de identidade e qualidade de alimentos completos destinados a cães e fixa os limites em relação aos parâmetros de qualidade que devem ser obrigatoriamente seguidos pelas indústrias. Esses padrões determinam os valores mínimos e máximos na composição das rações, exigindo que todas contenham pelo menos a quantidade mínima de vitaminas, minerais e nutrientes necessários para um cão saudável. O processo de cadastro dos produtos para animais de companhia deve ser encaminhado à superintendência do MAPA, e as rações são classificadas em categorias como Standard, Premium e Super Premium, baseadas na qualidade dos ingredientes e valor nutricional. Portanto, se uma ração chegou ao mercado brasileiro, ela passou pelos padrões estabelecidos pelo MAPA para garantir adequação nutricional básica.

Dietas BARF e Caseiras

Dietas BARF (ossos e alimentos crus) e dietas caseiras estão se tornando muito populares no mundo dos tutores de cães. É fácil entender o porquê, pois essas dietas permitem que você alimente seu cão diariamente com ingredientes naturais e não processados. Você sabe exatamente o que o cão está comendo e pode escolher alimentos de origem local, orgânicos e não transgênicos para ele. Além disso, você pode alimentar seu cão com uma dieta muito mais natural e próxima do que os ancestrais lobos teriam comido, em vez de alimentos processados.

No entanto, com esses prós vêm muitos contras. As dietas BARF e caseiras são extremamente difíceis de se conformar aos padrões estabelecidos, e geralmente carecem de muitos minerais. Um nutricionista canino especializado pode informá-lo sobre quais outros minerais você deve adicionar à dieta para torná-la equilibrada, mas poucos tutores buscam essa ajuda profissional. Deficiências de minerais podem levar a problemas de saúde, ossos fracos (especialmente em cães em crescimento), crescimento atrofiado e cálculos na bexiga. Além disso, a dieta BARF em particular pode ser extremamente perigosa, pois os ossos podem ficar alojados nos intestinos, causando obstruções que colocam a vida do cão em risco. A carne crua também está cheia de bactérias como salmonela e *E. coli*. Embora o intestino do cão seja relativamente forte contra pequenas quantidades desses patógenos, eles ainda são encontrados nas fezes e na saliva do cão, o que pode ser um grande perigo para pessoas vulneráveis, como crianças e idosos. Como o Golden Retriever costuma ser um cão de família, essas coisas precisam ser levadas em consideração, e a higiene doméstica é muito importante.

Rótulos de Ração para Cães

Os rótulos de ração para cães têm alguma seções obrigatórias que ajudam você a decidir se o alimento é adequado para o seu cão e se a qualidade é como você esperaria.

Composição

A composição é a porcentagem de proteína, carboidratos, gordura, cinzas, água e fibra que podem ser encontradas no alimento na forma como ele é ofertado ao animal. Por isso, a ração seca e a ração úmida não podem ser comparadas diretamente. Existem alguns cálculos simples que podem ser feitos para converter os valores em uma base de "matéria seca", o que permite a comparação direta dos alimentos.

Por exemplo, se uma ração úmida é 75% água, significa que o conteúdo seco é 25%. Se o nível de proteína for de 5%, é possível converter dividindo esse valor pela porcentagem de matéria seca: 5/0,25 = 20% de proteína em relação à matéria seca.

Como comparativo, se uma ração seca similar tivesse um teor de água de 10% e um conteúdo seco de 90%, com um nível de proteína de 20%, o cálculo seria o seguinte: 20/0,9 = 22,2% de proteína em relação à matéria seca.

Quando ajustada, a tabela de composição é uma excelente fonte de informações sobre a ração. Mas você não pode avaliar o alimento apenas por ela; os ingredientes também são muito importantes.

Ingredientes

A lista de ingredientes no rótulo sempre estará em ordem de peso. O ingrediente mais importante da ração para cães é uma fonte de proteína de origem animal, então esse deve ser o primeiro ingrediente na lista. No entanto, tenha em mente que as farinhas, como a farinha de peru, têm 300% mais proteína do que carne fresca e, portanto, podem ser a principal fonte de proteína, apesar de serem muito leves em peso. Nesse caso, esse item pode estar mais abaixo na lista de ingredientes.

Foto cortesia de Julie & Holly Simmons PrairieWyn Golden Retrievers

Os ingredientes de proteína de origem animal mais comuns na ração para cães são carne bovina, frango, peru, cordeiro e salmão. Todas são excelentes fontes de proteína, mas também são alérgenos comuns. Se seu cão tem alergia a alimentos, é melhor procurar uma ração que tenha uma fonte de proteína incomum, como pato, carne de veado ou atum, pois é menos provável que ele reaja a essas opções. Além disso, tenha em mente que só porque uma ração diz que é sabor salmão, não significa que o salmão seja a única proteína de origem animal presente. Sempre leia o rótulo.

As proteínas de peixe são particularmente ricas em ácidos graxos ômega, que, como já falamos aqui, são excelentes para a saúde da pelagem e das articulações. Este é um grande benefício para os Golden Retrievers.

Quando se trata de enchimentos, alguns fabricantes de ração para animais de estimação usam grãos, outros usam vegetais, e outros usam ambos. Os grãos são excelentes fontes de fibra e vitaminas do complexo B; no entanto, alguns cães têm intestinos sensíveis quando se trata de digerir grãos. Os melhores grãos para procurar são grãos integrais, como arroz integral, cevada e aveia. O arroz branco e a farinha de milho não são tão nutritivos quanto os grãos integrais.

Os vegetais são muito mais benéficos para os cães do que os grãos, e ingredientes comuns incluem batata, batata-doce, cenoura e ervilha. Eles são ótimas fontes de vitaminas e minerais, como vitaminas A, B e C, além de potássio, ferro e magnésio. A vitamina A faz bem para a saúde dos olhos, da pele e do cérebro. A vitamina B atua principalmente no metabolismo celular. A vitamina C ajuda a manter o sistema imunológico funcionando de forma eficiente, pronto para combater uma infecção. O potássio está envolvido na condução de sinais ao longo dos nervos, além de manter o coração batendo em um ritmo normal. O magnésio ajuda a desenvolver ossos fortes e saudáveis. E, finalmente, o ferro é usado para criar glóbulos vermelhos que transportam oxigênio pelo corpo.

Monitoramento de Peso

Os Golden Retrievers têm um apetite saudável, mas isso não significa que eles precisem de muitas calorias. O Golden pode ter tendência a ficar acima do peso, então uma ração específica para a raça, ou que te-

nho um pouco menos calorias sem perder qualidade, pode ser uma escolha mais adequada para o seu cão.

Estar acima do peso é extremamente prejudicial para as articulações dos Golden Retrievers. À medida que envelhecem, o excesso de pressão sobre as articulações levará ao desenvolvimento de artrite. Como os Golden Retrievers são propensos à displasia de quadril e cotovelo, forças anormais atuando sobre articulações anormais farão com que elas se deteriorem muito rapidamente.

Não há um peso específico que um Golden Retriever deve ter, pois cada cão tem suas particularidades. Por isso, o ideal é avaliar o peso pela pontuação de condição corporal (ECC - Escore de Condição Corporal). O ECC é baseado em uma escala de 1-9, sendo 5 o peso ideal, 1 muito magro, e 9 obeso.

ECC 1 = Muito magro. Costelas, projeções vertebrais lombares e proeminências ósseas ao redor da pelve são facilmente visíveis. Há perda severa de músculo e nenhuma gordura corporal.

ECC 3 = Abaixo do peso. As costelas podem ser sentidas com facilidade e podem ser visíveis. Não há muita gordura presente. O abdômen se encolhe no flanco e uma cintura pode ser vista de cima. Algumas projeções ósseas podem ser vistas. Fácil de ver o topo das vértebras lombares.

ECC 5 = Ideal. Gordura mínima sobre as costelas, que podem ser facilmente sentidas. Cintura e costelas são visíveis quando o cão é visto de cima. Abdômen encolhido quando visto de lado.

ECC 7 = Acima do peso. Gordura presente sobre as costelas, sendo necessário alguma pressão para senti-las. Depósitos de gordura sobre o traseiro e ao redor da base da cauda. Não é possível ver a cintura com facilidade. Encolhimento abdominal presente, mas leve.

ECC 9 = Obeso. Muita gordura ao redor da base da cauda, coluna e peito. O abdômen pode inchar atrás das costelas. Sem cintura ou encolhimento abdominal. Depósitos de gordura no pescoço e membros.

Como o Golden Retriever tem um pelo grosso e abundante, a melhor maneira de medir o ECC é com uma abordagem prática. Dessa forma, você terá uma boa noção de quanta gordura seu cão possui. Ele viverá melhor se for mantido em forma, então se você precisar de ajuda para que ele alcance o peso ideal, muitas clínicas veterinárias realizam programas de controle de peso com enfermeiros veterinários, oferecendo conselhos profissionais e suporte.

CAPÍTULO 9
Cuidados com os Dentes

Importância dos Cuidados com os Dentes

Assim como é importante manter nossos próprios dentes limpos, é igualmente importante manter os dentes do seu cachorro limpos. A dieta dos cães domésticos não é nada parecida com a dieta selvagem de seus ancestrais, e, portanto, eles não têm ossos crus para roer diariamente. Este é um dos fatores motivadores da dieta BARF, como discutido no Capítulo 8. No entanto, já aprendemos sobre os perigos dessa dieta e, portanto, métodos alternativos de higiene dental precisam ser considerados.

Sem cuidados dentais diários, a maioria dos cães acabará precisando de algum tipo de intervenção para melhorar a saúde de seus dentes quando forem mais velhos. A saúde dental precária pode causar dor na boca e mau hálito, também conhecido como halitose, o que não é agradável para seu cão. Os Golden Retrievers, em particular, são conhecidos pelo mau hálito, mas isso pode ser evitado com os devidos cuidados.

Anatomia Dental

A estrutura do dente vai muito além do que o que você vê acima da gengiva. O dente visível é conhecido como coroa e, sob a gengiva, a parte inferior do dente é conhecida como raiz. A raiz pode ser tão grande quanto, e às vezes até maior, que a coroa.

O dente é feito de osso com várias camadas diferentes. Na parte externa, há uma camada protetora chamada esmalte. Essa camada pode ser desgastada ao mastigar pedras e gravetos, por isso você deve desencorajar esses hábitos no seu Golden. No centro do dente está a polpa. Essa área é cheia de terminações nervosas e, por isso, se os dentes se desgastarem até chegarem nessa camada, seu cão pode sentir muita dor.

Para manter o dente fixado no alvéolo, existem ligamentos periodontais extremamente fortes. Se o dente for danificado ou apodrecer, esses ligamentos podem enfraquecer, fazendo com que o dente fique mole e caia. Comer com um dente mole pode ser muito doloroso.

Os cães têm 42 dentes quando adultos, mas começam com 28 dentes decíduos (de leite). Os dentes de leite caem entre 6 meses e 18 meses de idade. Você provavelmente não os verá cair, mas notará que seu Golden está mordendo e roendo mais do que o normal durante esse período. Brinquedos de mastigar o ajudarão a passar pelos leves desconfortos da dentição.

Os dentes da frente são chamados de incisivos e são usados para pegar carne dos ossos. Em seguida, vêm os caninos, que são longos e afiados. Originalmente, esses seriam os dentes usados para caçar e morder presas. Os dentes no interior das bochechas são chamados de pré-molares e molares, e são dentes trituradores. Combinados com o poder dos músculos mastigatórios da mandíbula, eles podem até mesmo triturar ossos.

Acúmulo de Tártaro e Gengivite

Foto cortesia de Bruno Rosales

O tártaro é um acúmulo de alimentos e bactérias ao redor da base do dente. Isso acontece em todos os cães que não têm seus dentes escovados diariamente. O tártaro leva à halitose e, portanto, também a um gosto ruim na boca do cão.

Devido ao acúmulo de tártaro, seu cão provavelmente terá gengivite. Esta é uma inflamação das gengivas, local onde o tártaro se acumula. As gengivas ficam inflamadas porque o tártaro está cheio de bactérias. O corpo envia glóbulos brancos para a área para combater as bactérias, mas o influxo dessas células faz com que a área inche.

Quando isso acontece, a única maneira de reverter é remover o tártaro. Antibióticos e anti-inflamatórios podem aliviar temporariamente o problema, mas o corpo continuará a responder dessa maneira ao tártaro e, portanto, a gengivite e a halitose voltarão imediatamente.

Cuidados com os Dentes

Examinando

Manter um olhar atento à saúde dental do seu cão é uma parte vital do cuidado com ele. A detecção precoce garantirá a prevenção de doenças dentárias graves à medida que seu cão envelhece.

A melhor maneira de examinar os dentes do seu cão é quando ele estiver se sentindo feliz e relaxado. Se ele estiver nervoso ou de mau humor, você pode piorar as coisas ao tentar examinar, e, embora não seja da natureza de um Golden Retriever morder, vale a pena ter cuidado, já que você está trabalhando com a boca.

Comece levantando os lábios frontais e olhando para os incisivos. Eles devem ser brancos ou de cor creme, com pouquíssimo tártaro. Eles não devem estar moles e as gengivas não devem estar retraídas. Os próximos a serem observados são os caninos. Estes acumulam muito tártaro facilmente. Por fim, puxe as bochechas bem para trás para ver os pré-molares e molares. É um erro comum não puxar as bochechas para trás o suficiente para ver os dentes bem de trás, então lembre-se de fazer isso. Felizmente, os Goldens têm bochechas grandes e um pouco de folga nessa área, o que facilita o exame.

Se você observar um dente cinza e muito mais escuro que os outros, é um sinal de que está ele morrendo a partir da área da polpa, e mesmo que não esteja mole ou coberto de tártaro, seu veterinário deve avaliar o dente.

Toda vez que seu cão for ao veterinário, os dentes dele devem ser examinados dessa maneira. No entanto, crie o hábito de examinar cada vez que você escovar, e uma vez por mês faça um esforço para verificar minuciosamente a boca. Assim, você poderá identificar anormalidades precocemente.

Escovação dos Dentes

Escovar os dentes de um cão pode parecer uma coisa estranha a se fazer, mas ele será grato a você por isso no futuro. A escovação diária dos dentes desde cedo evitará cáries, gengivite e acúmulo de tártaro.

Sempre escove os dentes do seu Golden com uma pasta de dente para cães, pois a pasta de dente humana geralmente contém um adoçante chamado xilitol. Esse adoçante é extremamente perigoso para cães, pois pode fazer com que a glicose no sangue caia drasticamente, o que pode causar convulsões e até levar à morte. A pasta de dente para

Foto cortesia de
Melissa Morrison

cães contém muitas enzimas que dissolvem especificamente o tártaro do dente. Se houver muito tártaro acumulado, a pasta não resolverá o problema, mas impedirá que ele piore.

O Golden Retriever é um cão grande, então você pode escovar a boca dele com uma pequena escova de dentes humana ou comprar uma escova de dentes para cães. A vantagem de uma escova para cães é que ela é angulada para facilitar a escovação dos dentes de trás. Você também pode usar uma escova de dedo de borracha, que se parece um pouco com um dedal grande, se for mais fácil para você.

Se você treinar seu cão desde filhote para tolerar a escovação dos dentes, terá muito menos problemas ao longo da vida dele do que se deixar para começar em uma fase posterior. Alguns cães não gostam da manipulação até certo ponto, então treiná-lo desde filhote vai ensinar que o processo pode ser divertido. Depois da escovação, certifique-se de dar a ele muitos agrados com brinquedos ou petiscos, o que ele preferir.

Solução Bucal

Existem várias soluções bucais disponíveis em pet shops e clínicas veterinárias. Essas soluções funcionam como enxaguante bucal para cães. Você pode adicionar a quantidade especificada à água fresca diariamente. Isso ajudará a refrescar o hálito e dissolver qualquer coisa que esteja se acumulando nos dentes do seu cão.

As soluções devem ser usadas além da escovação e não como substituição a ela, pois a escovação manual será muito mais eficaz do que um líquido correndo sobre os dentes. No entanto, assim como a pasta de dente, ela é cheia de enzimas e funciona de maneira semelhante.

É muito importante que você não use enxaguante bucal para humanos. É um produto completamente diferente, e se você colocar enxaguante bucal humano na água, pode causar envenenamento grave e danos aos órgãos do seu cão.

Produtos Mastigáveis

É difícil escolher produtos mastigáveis apropriados com tantas opções no mercado. Cada fabricante afirma que seu produto é o mais eficaz, mas, no final, a melhor coisa a se fazer é encontrar um que seu cão goste.

Produtos mastigáveis dentais funcionam causando uma leve abrasão quando são mordidos. Isso ajuda a remover o tártaro sugando-o ou quebrando-o. Existem muitos tamanhos e formas diferentes de petiscos disponíveis. Seu Golden Retriever precisará de um que seja razoavelmente grande. Se for muito pequeno, pode não remover o tártaro adequadamente.

Esses produtos devem ser dados como parte da dieta diária do seu cão e não como um adicional. Portanto, se seu cão precisa de 1.000 calorias por dia e o petisco tem 150 calorias, certifique-se de subtrair essa quantidade da quantidade diária recomendada de comida.

Alguns tutores preferem dar ossos de articulação em vez de petiscos comerciais, e embora eles sejam muito mais naturais do que os mastigáveis processados, eles também têm alguns riscos significativos. Os ossos de articulação podem se estilhaçar e causar trauma nos intestinos ou estômago, e se grandes pedaços forem quebrados em pedaços pequenos o suficiente para engolir, seu cão pode desenvolver um bloqueio intestinal com risco de morte.

Se você prefere um mastigável dental natural e menos perigoso, os chifres de boi são uma excelente alternativa. O roer lento do chifre duro ajuda a remover o tártaro. Os chifres não se estilhaçam como os ossos de articulação e levam um tempo muito maior para se desgastar, portanto, são ótimas alternativas duradouras a outros mastigáveis dentais disponíveis.

Ração Dental

Muitas das principais marcas de ração para cães criaram linhas dentais, que são rações secas com pedaços grandes de ração. O ato de morder a ração ajuda a remover o tártaro dos dentes. Nesses produtos, os pedaços costumam ser um pouco mais macios do que outras rações secas, o que cria uma pequena sucção quando o cão retira o dente da ração.

Dietas formuladas para cuidados dentais não são completamente necessárias para uma boa saúde dental. Elas são feitas principalmente para cães que têm doença dental. Para Goldens cujos tutores desejam prevenir essas doenças, uma ração seca normal de qualidade para cães grandes será suficiente.

Foto cortesia de
Karan Gogri

Procedimentos Dentários

Se a boca do seu cão estiver em um estado de saúde muito ruim, seu veterinário pode sugerir a realização de um procedimento de limpeza. Esse procedimento é realizado em um único dia e, assim, seu cão pode voltar para casa no mesmo dia.

Os procedimentos dentais requerem anestesia geral, pois é quase impossível trabalhar nessa área em um cão consciente. A anestesia geral é geralmente muito segura em cães saudáveis. No entanto, se seu cão tiver alguma doença renal ou hepática, seu veterinário pode preferir fazer exames de sangue antes e administrar fluidos intravenosos para manter a pressão arterial estável.

Uma vez que seu cão esteja anestesiado, o veterinário começará quebrando grandes áreas de tártaro. Em seguida, ele raspará todos os dentes para deixá-los limpos e brancos. Depois dessa limpeza, ele pegará uma sonda e a passará ao redor de cada dente. Se a sonda mergulhar no alvéolo, significa que o ligamento periodontal foi danificado e o dente deve ser extraído. Alguns dentes têm mais de uma raiz, e alguns apenas uma. Isso geralmente determina o quão difícil será a extração. Uma ferramenta afiada chamada elevador ou alavanca é passada ao redor da raiz do dente para quebrar o ligamento periodontal antes que o dente seja extraído. O alvéolo às vezes é suturado depois, embora alguns veterinários prefiram deixá-lo aberto. No final do procedimento, o veterinário polirá toda a boca para remover qualquer tártaro residual.

Os procedimentos dentais podem parecer invasivos, mas se seu cão tem uma boca cheia de bactérias, ele ficará feliz com o procedimento. Isso restaurará o conforto e removerá o mau hálito. No entanto, os procedimentos dentais podem ser evitados completamente com cuidados de rotina nos dentes do seu Golden, então tente fazer disso um hábito desde muito cedo para preservar a saúde bucal dele.

CAPÍTULO 10
Cuidados com a Pelagem

Sobre a Pelagem

Os Golden Retrievers têm uma linda pelagem dourada e ondulada, que pode variar em tonalidade. A cor de um Golden filhote tende a ser muito mais clara do que será quando ele for adulto. Você pode ter uma ideia de como será a cor da pelagem adulta do seu filhote observando a cor das pontas das orelhas dele. A pelagem vai escurecer conforme seu cão cresce, e depois pode clarear um pouco novamente quando ele envelhecer.

Os pelos têm comprimento médio, exceto em algumas áreas com franjas ao redor do pescoço, parte posterior das patas traseiras, rabo, e sob o corpo. Nessas áreas, os pelos são mais longos. Seu Golden Retriever tem uma "pelagem dupla", o que significa que há uma subcamada. Essa camada ajuda a manter seu cão aquecido nos meses de inverno. Quando o clima esquenta no verão, a subcamada é eliminada, o que é conhecido como "troca de pelo".

Foto cortesia de Angie Wrightstone

A pelagem pode parecer impressionante e, embora precise de cuidados regulares para ficar em boas condições, não exige que você corra para o pet shop toda semana para manter a boa aparência.

Saúde da Pelagem

Os Goldens tendem a soltar muito pelo, especialmente nos meses de verão, quando a subcamada está sendo eliminada. Por isso, escovar seu cão diariamente ajudará a evitar que sua casa fique coberta de pelos. Fazendo isso, você estará removendo todos os pelos soltos na escova, em vez de deixá-los cair no chão.

A escovação da pelagem precisa ser feita pelo menos uma vez por semana, de preferência diariamente, mas é relativamente fácil. Uma dica útil a considerar durante a escovação é levar seu cão para um ambiente externo, pois pode haver uma grande quantidade de pelos caídos. A rotina de escovação deve ser introduzida desde cedo, pois alguns cães não gostam dessa agitação quando ela é introduzida quando eles são mais velhos.

Ao começar com a escovação, você deve primeiro considerar quais ferramentas pode precisar. A escova mais comum para comprar é uma escova rasqueadeira. Essas escovas têm uma grande área de superfície e são cobertas por pinos finos. Elas são excelentes para remover pelos soltos, especialmente quando estão levemente emaranhados.

A próxima ferramenta que você precisará é um pente de aço de boa qualidade. Você deve passar esse pente pela pelagem após a escova rasqueadeira, para garantir que esteja completamente livre de nós. Às vezes, esses pentes têm dentes largos e dentes estreitos em um único pente, ou são vendidos separadamente. Com um Golden Retriever, no entanto, você não precisa necessariamente comprar os menores.

Os tosadores de Golden geralmente têm um conjunto de tesouras e tesouras de desbaste no kit de tosa. A pelagem de um Golden Retriever não precisa ser cortada com frequência, mas cortes ocasionais ajudam a modelar as áreas rebeldes. As tesouras de desbaste parecem uma mistura de uma tesoura e um pente. Elas são excelentes para reduzir áreas de pelo muito volumosas. Você pode notar que existem outras ferramentas para lidar com a queda de pelos, como facas de stripping ou desemboladores de subpelo, mas os tosadores profissionais de Golden Retriever raramente usam essas ferramentas pesadas. Uma rasqueadeira e tesouras de desbaste devem ser suficientes para controlar a pelagem espessa sem danificá-la.

Um pet shop poderá ajudar com a tosa do seu Golden se você achar que manter o controle da pelagem dele será uma tarefa muito difícil. Os tosadores sempre darão banho no seu cão antes de escovar a pelagem, o que ajudará a desembaraçar áreas de pelo emaranhado. No entanto, isso não precisa ser feito diariamente nos cuidados em casa. Na verdade, lavar a pelagem com muita frequência pode ser prejudicial, pois remove os óleos naturais. Um enxágue com água após uma caminhada na lama é bom, mas o uso de shampoo deve ser feito apenas quando necessário, e não mais do que uma vez por mês, a menos que seja recomendado pelo seu veterinário por razões médicas.

Existem muitos shampoos diferentes no mercado, e desde que seu Golden não tenha alergias de pele, a maioria será adequada para uso. No entanto, se você deseja escolher um que seja suave e nutritivo, os shampoos à base de aveia são excelentes. Além disso, shampoos contendo óleo de melaleuca também têm propriedades anti-inflamatórias e antibacterianas.

Parasitas Externos

Existem muitos bichinhos que adoram viver na pelagem do seu cão, sendo os mais comuns as pulgas; no entanto, você também pode encontrar ácaros, piolhos e carrapatos. Todos esses são adquiridos no ambiente e de outros animais.

As pulgas, na verdade, preferem viver 90% do tempo no ambiente e apenas 10% do tempo no seu cão. Depois que seu cão as traz para dentro de casa, elas podem se reproduzir incrivelmente rápido. Portanto, se seu cão tem pulgas, certifique-se de não apenas tratá-lo, mas também de lavar a caminha dele em água quente, e aspirar e pulverizar com um inseticida todas as áreas da casa escuras e quentes. Exemplos desses lugares incluem embaixo dos sofás e atrás das almofadas.

Seu cão pode pegar carrapatos ao passear em locais com grama alta ou outros animais domésticos e silvestres. Eles sugam sangue e ficam inchados antes de cair. Devem ser removidos assim que notados, pois podem causar uma infecção desagradável na pele na região da picada e, em casos raros, podem transmitir doenças muito graves. Os carrapatos podem ser removidos com um extrator de carrapatos, que é um pequeno gancho que você coloca ao redor da base do corpo dele, depois gira e puxa. Esse movimento garante que a cabeça do carrapato não tenha sido deixada dentro da pele, o que pode causar infecção.

A maioria dos tratamentos para parasitas externos tratará pulgas, em combinação com ácaros, piolhos e/ou carrapatos. Portanto, ler o rótulo é essencial, já que nem todos os tratamentos são iguais. Os tratamentos contra pulgas devem ser aplicados rotineiramente conforme orientação do seu veterinário, para fornecer proteção contra parasitas externos. É sempre melhor prevenir do que remediar. Esses tratamentos estão disponíveis em várias formas para atender a você e ao seu cão, como pipetas spot-on, comprimidos, petiscos e shampoos.

Corte de Unhas

"Toque nas patas e nos pés com frequência para que eles se acostumem com você manipulando as patas deles para aparar as unhas. Idealmente, você deve aparar as unhas a cada duas semanas."

Lori Reuter
Avalor Goldens

Os cães têm quatro unhas em cada pata, e na pata dianteira também há uma unha vestigial na parte interna. Alguns cães também podem ter unhas vestigiais na parte interna das patas traseiras, mas isso é incomum. Todas essas unhas precisarão ser aparadas rotineiramente para permanecerem curtas, pois podem ter a tendência de crescer de maneira curvada, o

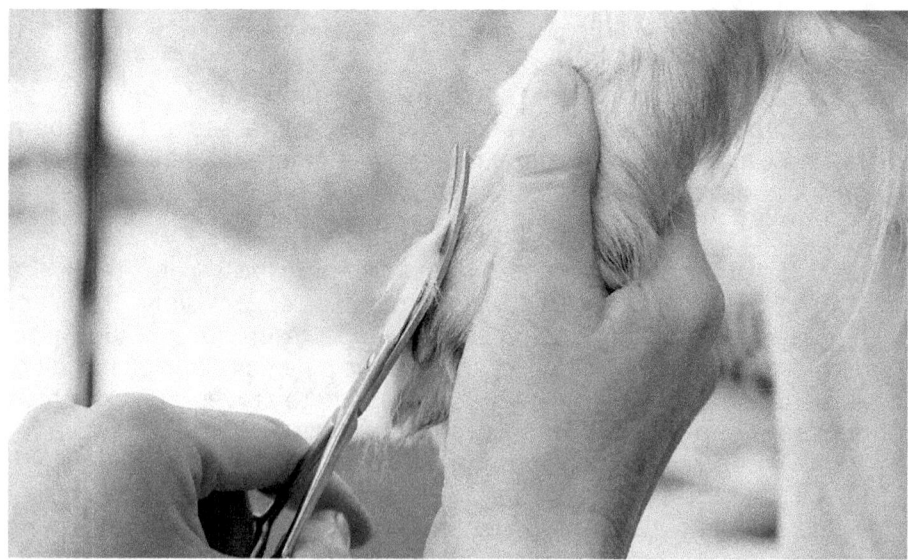

que pode danificar a parte inferior da pata, ou ficar presas e causar entorses e luxações nos dedos.

Cortar as unhas pode causar grande ansiedade em alguns cães, então é uma boa ideia ensinar seu cão a ficar quieto e não entrar em pânico quando filhote. Comece quando filhote brincando com as patas e elogiando bastante quando ele não se incomodar. Como os Golden Retrievers são cães que querem agradar, eles têm mais facilidade para se acostumar com o corte de unhas do que outras raças.

Você pode comprar cortadores de unhas para cães na maioria das lojas de animais. O uso deles é muito mais recomendado do que cortadores de unhas humanos, especialmente porque os Golden Retrievers têm unhas grandes e grossas, que podem exigir bastante força para cortar. Existem muitos tamanhos disponíveis, mas você precisará do maior para seu Golden.

A unha é feita de queratina, que não contém nervos ou vasos sanguíneos, então se você cortar a unha corretamente, não causará nenhuma dor ao seu cão. No entanto, descendo pelo centro da unha há uma seção carnuda chamada matriz ungueal. Se você acidentalmente cortar a matriz, ela sangrará muito. Embora isso não vá fazer seu cão sangrar até morrer, é melhor estancar o sangramento para o bem do seu cão e do chão! Basta fazer pressão firme com um chumaço de algodão por cinco minutos para controlar o sangramento.

Para cães com unhas pretas, saber onde termina a matriz geralmente é um jogo de adivinhação, mas se você tiver a sorte de ter um cão com unhas claras, então ela é bem visível. Para cães com unhas pretas, é melhor tirar pequenos pedaços de cada vez, em vez de fazer um corte grande. Se você não se sentir confortável para cortar as unhas do seu cão, um tosador ou um auxiliar veterinário ficará mais do que feliz em ajudá-lo.

Limpeza das Orelhas

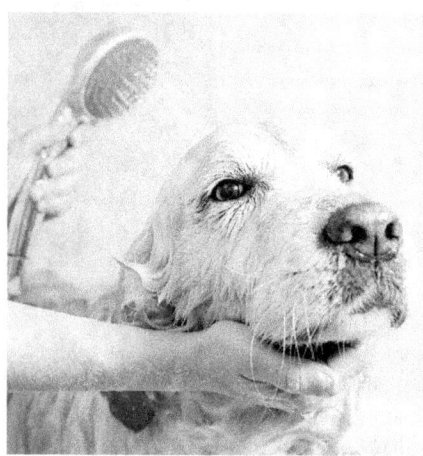

A orelha é composta por várias seções. A aba, que mais comumente nos referimos como orelha, é chamada de pavilhão auricular. Como os Goldens têm um pavilhão que cai para baixo, o interior da orelha tende a ficar úmido, criando um ambiente excelente para bactérias e fungos crescerem. Infelizmente, isso significa que eles podem ser suscetíveis a infecções de ouvido. Limpar as orelhas semanalmente, ou após mergulhos, garantirá que o interior da orelha continue limpo.

O interior da orelha é composto por várias seções. A primeira seção do canal auditivo externo é chamada de canal vertical, que desce em direção ao chão e depois faz uma curva de 90 graus, indo para dentro da cabeça em direção ao cérebro. Esta seção é chamada de canal horizontal. Ele vai até a membrana timpânica no final, que é uma pequena membrana de tecido. Se esta membrana se romper, as infecções podem se espalhar mais profundamente no ouvido e se tornar sérias. Depois da membrana timpânica está o ouvido médio, seguido pelo ouvido interno. Infecções nessas regiões podem afetar o equilíbrio e são extremamente dolorosas, enquanto infecções que afetam apenas o ouvido externo serão muito pruriginosas e causarão coceira e balançar da cabeça.

Um veterinário poderá recomendar e vender um limpador de ouvido. Ao escolher um limpador de ouvido geral, prefira um que seja suave, mantenha o pH do ouvido e ajude a soltar ou dissolver acúmulos de cera.

Para limpar a orelha, basta levantar o pavilhão da orelha, colocar o bico do limpador de ouvido o mais profundo possível no canal auditivo vertical e apertar. Quando tirar o limpador do canal auditivo, rapidamente coloque o pavilhão da orelha sobre a saída do canal para que nada possa sair, e massageie a área por cerca de 30 segundos. Isso permite que o limpador faça seu trabalho e solte a cera. Quando soltar o pavilhão, dê um passo para trás, pois seu cão vai querer balançar a cabeça. Isso é bom, pois elimina todo o limpador de ouvido e a cera, mas pode fazer bagunça, e você não quer estar ao alcance da sujeira nesse momento! Depois que ele terminar de balançar a cabeça, pegue um pouco de algodão e limpe tudo o que saiu.

Glândulas Anais

Alguns cães sofrem de obstrução das glândulas anais, enquanto outros podem passar toda a vida sem ter as glândulas anais esvaziadas. Essas glândulas são duas estruturas pequenas em forma de saco, que ficam no interior do ânus, nas posições de 4 e 8 horas. Quando o cão defeca, estas glândulas são naturalmente espremidas, e qualquer coisa dentro delas é colocada para fora. São estruturas redundantes, sem uso funcional, e alguns tutores preferem removê-las quando elas se tornam problemas recorrentes.

Os cães começam a ter problemas com as glândulas anais por um de três motivos. O motivo mais comum é um mau posicionamento delas: em vez de estarem localizadas nas posições de 4 e 8 horas, elas podem estar nas posições de 3 e 9 horas, o que significa que, quando o cão defeca, elas não são esvaziadas eficientemente. O segundo motivo é quando o cão tem fezes moles ou diarreia. Nesse caso, as fezes não pressionam as glândulas anais ao passar, e as partes muito aquosas do material podem até enchê-las. A última causa de problemas nas glândulas anais são tumores que podem crescer nessa região e fazer com que as glândulas se encham de células inflamatórias.

Se seu cão estiver sentindo desconforto nas glândulas anais, o sinal mais comum que você verá é esfregar o traseiro no chão. Isso é chamado de "arrastar o bumbum". Outros sinais que você pode notar incluem seu cão lamber a área e exalar um cheiro de peixe. Se você acha que seu cão precisa esvaziar as glândulas anais, deve levá-lo ao veterinário ou tosador para esvaziá-las. Isso não é uma emergência, mas não é aconselhável esperar que o problema se resolva sozinho, pois glândulas anais cheias podem rapidamente levar a abscessos, que são muito mais difíceis de tratar.

Os Golden Retrievers são cães lindos e, seguindo os conselhos deste capítulo, você poderá manter seu Golden em ótimas condições. Ele não apenas ficará mais bonito, mas também muito mais feliz.

CAPÍTULO 11
Medicina Veterinária Preventiva

Escolhendo um Veterinário

Depois de adquirir seu novo filhote ou cão adulto, é importante conhecer um veterinário na sua região. Pode ser difícil escolher qual veterinário consultar, mas existem algumas coisas para ter em mente quando você estiver pesquisando.

Localização

A proximidade da sua casa é um fator importante a considerar. Embora isso possa não fazer muita diferença quando você estiver levando seu cão para exames de rotina anuais, será um fator importantíssimo no caso de uma emergência com risco de vida. Chegar rapidamente ao veterinário pode ser a diferença entre a vida e a morte para seu cão.

Finanças

Os veterinários podem cobrar preços competitivos, então você vai perceber que alguns são mais baratos que outros. Grandes redes de clínicas veterinárias geralmente têm promoções mensais para incentivar diferentes aspectos da saúde. Muitas clínicas também oferecem planos de saúde para pets, que envolvem um pagamento mensal e, em troca, podem incluir consultas e produtos com desconto, check-ups anuais gratuitos ou de baixo custo, prevenção de parasitas e vacinas.

Serviços de plantão

Algumas clínicas veterinárias oferecem seus próprios serviços de emergência fora do horário comercial, enquanto outras terceirizam esses serviços. Se o fator continuidade for importante para você, encontrar uma clínica veterinária que forneça esses serviços por conta própria é o ideal, pois os veterinários conhecerão seu cão e terão os registros dele no sistema. No entanto, provedores externos têm como vantagem a experiência que eles podem trazer. A maioria dos serviços de plantão externos conta com veterinários especializados em emergências, com qualificações adicionais na área de cuidados críticos e, portanto, em caso de emergência, eles terão mais experiência para tomar decisões sob pressão.

Especialidades

Embora todos os veterinários passem por uma formação longa e completa, alguns obtêm qualificações de pós-graduação. Estas podem ser em áreas como oftalmologia, ortopedia, cardiologia ou dermatologia, entre outras. Um veterinário generalista pode encaminhar seu cão para esses especialistas. No entanto, para alguns tutores, é importante ter acesso a especialistas em sua própria clínica veterinária.

Extras

Algumas clínicas veterinárias também oferecem serviços extras, como banho e tosa, consultas com enfermeiros veterinários, hospedagem, programas de controle de peso e adestramento para filhotes. Ao escolher uma clínica, vale a pena considerar se esses fatores são importantes para você.

Vacinas

É extremamente importante que você vacine seu cão desde filhote. Existem doenças caninas perigosas e comuns, que podem ameaçar a saúde e até mesmo a vida do seu cão. Felizmente, essas doenças podem ser facilmente prevenidas com vacinas.

As vacinas devem começar às 8 semanas de idade ou, se o cão que você está adquirindo for mais velho que isso, o mais rápido possível. O esquema inicial de vacinação será de duas ou três doses, com várias semanas de intervalo, dependendo do fabricante da vacina que seu veterinário utiliza. A maioria dos veterinários vacina contra cinco doenças de forma obrigatória e oferece uma vacinação adicional como opcional.

A parvovirose é uma doença que afeta principalmente filhotes, embora possa ser contraída por cães de qualquer idade. É um vírus mortal que causa sangramento intestinal e diarreia. Alguns cães também podem vomitar. Tudo isso leva à desidratação rápida. O vírus é contraído no ambiente, principalmente através da transmissão fecal-oral ou pelo compartilhamento de tigelas de comida e água.

A hepatite, também conhecida como adenovírus canino, é uma doença que afeta o fígado. A inflamação no fígado pode causar febre, vômito, letargia, diarreia, icterícia e linfonodos aumentados, levando eventualmente à morte.

A cinomose é um vírus que afeta muitos sistemas corporais diferentes. Inicialmente, ela causa vômito, espirros e tosse, além de espessa-

Foto cortesia de
Bruno Rosales

mento das almofadas nas patas e da ponta do nariz. Quando o vírus se espalha para o cérebro, causa convulsões.

A leptospirose é uma doença que tem vários sorotipos diferentes. Alguns veterinários vacinam contra os dois tipos mais comuns, outros vacinam contra quatro. Pode causar sintomas semelhantes à hepatite, como vômito, diarreia e icterícia, mas também causa sintomas neurológicos. Afeta principalmente os rins, fígado, sistema nervoso central e sistema reprodutivo.

A tosse dos canis é uma doença cuja vacina é borrifada pelo nariz. Na verdade, a tosse dos canis é um complexo de doenças, comumente causadas pela *Bordetella* e Parainfluenza em combinação. Causa uma tosse áspera semelhante ao som que um ganso faz, ou uma tosse seca, e pode fazer com que o muco seja expelido, o que pode ser facilmente confundida com vômito.

Por fim, a vacinação contra a raiva é essencial em áreas do mundo onde a doença é endêmica. A raiva afeta o cérebro e é transmitida através da saliva contaminada. Isso pode ocorrer por mordidas ou simplesmente pela saliva entrando em contato com um arranhão. Ela é transmissível aos humanos, por isso a vacinação é tão importante.

A vacinação contra cinomose, hepatite e parvovirose são frequentemente combinadas em uma única vacina injetável, que às vezes também é combinada com a vacina contra leptospirose e, possivelmente, parainfluenza, em uma única seringa. Se a vacina contra parainfluenza não for administrada na forma injetável, pode ser combinada com a vacina contra *Bordetella* em uma vacina que é borrifada pelo nariz. A vacina contra a raiva, no entanto, é administrada como injetável e de forma individual.

Alguns tutores de cães não confiam em vacinas e, portanto, não querem que seus cães sejam vacinados. No entanto, as vacinas são extremamente seguras, e a prevalência de efeitos colaterais é extremamente baixa. Recomenda-se que um filhote receba pelo menos o esquema inicial de vacinas e o reforço com um ano de idade. Depois disso, se o tutor não desejar vacinar seu cão, exames de sangue podem ser feitos anualmente para investigar os níveis de imunidade. Dessa forma, o cão só precisa receber vacinas quando a imunidade diminui, em vez de todos os anos.

Microchipagem

A microchipagem é recomendada para todos os cães e, no Brasil, está se tornando cada vez mais comum. Embora não seja um requisito legal no Brasil, como é em alguns países, ela é altamente recomendada.

Um microchip é um pequeno dispositivo metálico que é inserido sob a pele entre as escápulas. Quando escaneado por um leitor, ele fornece um número que pode ser consultado na empresa do microchip. O número é único, e seus dados serão registrados com esse número, por isso é importante lembrar de atualizá-los se você mudar de endereço ou trocar de número de celular.

Ele é inserido com uma agulha, semelhante a uma injeção, o que pode fazer seu cão ganir brevemente, mas a dor é muito passageira. O veterinário garantirá que a área entre as escápulas esteja limpa antes de inseri-lo. Golden Retrievers são uma raça corajosa, então se você estiver colocando um microchip em um cão adulto, provavelmente ele nem vai reagir.

Castração

Se você não pretende reproduzir seu Golden Retriever, a castração será benéfica para a saúde dele. Para cadelas, o procedimento também é chamado de ovariosalpingohisterectomia (OSH), e, para cães machos, orquiectomia. Existem prós e contras em ambos, mas para a maioria dos cães, os prós superam em muito os contras.

Os procedimentos para machos e fêmeas exigem apenas uma visita de um dia ao veterinário. Você precisará levar seu cão cedo pela manhã, sem que ele tenha tomado café da manhã, e a cirurgia geralmente será feita até o horário do almoço. Ele passará a tarde se recuperando e esperando o efeito do anestésico passar antes de ser liberado para ir para casa.

Castração de Fêmeas

Uma cadela pode ser castrada em qualquer momento de sua vida, no entanto, a maioria dos veterinários concorda que isso deve ser feito antes do primeiro cio ou três meses após o primeiro cio. Isso será por volta de um ano de idade, mais ou menos alguns meses. Como mencionado no Capítulo 1, há benefícios em esperar até um ano de idade para Golden Retrievers, pois os hormônios ajudam no fechamento das placas de crescimento ósseo. No entanto, se ela for castrada antes do primeiro cio, as chances de câncer de mama mais tarde na vida são quase nulas. Isso ocorre porque os cânceres de mama são influenciados por hormônios. Se ela nunca tiver um cio, nunca terá sido exposta a altos níveis hormonais.

Por outro lado, um aspecto positivo de certos hormônios, particularmente o estrogênio, é que ele ajuda a fortalecer o esfíncter uretral. Esta

Foto cortesia de Karan Gogri

é uma banda muscular que fecha a saída da bexiga e, se ficar fraca e com vazamentos, a cadela pode começar a ter escapes de urina, especialmente quando deitada. Isso geralmente só se torna evidente na velhice. Nem todas as cadelas castradas após o primeiro cio desenvolverão isso, mas é um fator de risco a considerar.

Uma cadela não deve ser castrada dentro dos três meses após o cio. Isso porque o útero estará muito inchado e, portanto, pode ser uma cirurgia difícil e arriscada. Além disso, outro ponto negativo é que os níveis de hormônios ainda estarão altos no corpo dela e, portanto, uma cirurgia de castração muito próxima ao cio pode causar uma pseudogestação.

Apesar de todos esses pontos, a castração é extremamente benéfica para a cadela, pois elimina o risco de piometra (infecção uterina), cânceres uterinos e cânceres ovarianos. Todos esses são potencialmente fatais.

Castração de Machos

A cirurgia de castração em machos é muito mais simples do que a castração em fêmeas, e significativamente mais rápida também. Castrar um cão eliminará a chance de cânceres testiculares e epididimários, e reduzirá significativamente o risco de hiperplasia (aumento) e câncer de próstata.

Castrar um cão também ajudará a controlar comportamentos indesejados. Ele terá menos probabilidade de vagar ou fugir, e a agressividade será significativamente reduzida.

As cirurgias de castração podem ser feitas a qualquer momento a partir de quando os dois testículos tiverem descido para o escroto. Isso pode ser a partir de apenas alguns meses de idade; no entanto, recomenda-se que seu cão tenha pelo menos seis meses de idade, ou até mais de um ano para Golden Retrievers, como mencionado anteriormente, pois filhotes muito jovens podem ter uma queda repentina nos níveis de glicose quando são operados, o que pode tornar a recuperação um processo mais lento.

Parasitas Internos

O controle de parasitas é vital para a saúde do seu cão. Falamos sobre o controle de parasitas externos no Capítulo 10, mas os parasitas internos também devem ser controlados.

Os parasitas internos consistem principalmente em vermes redondos e tênias; no entanto, dirofilariose (verme do coração) e protozoários como *Giardia* também precisam ser considerados. O tratamento, que será passado pelo seu veterinário, é administrado a cada três meses e ajuda a evitar essas infecções. No entanto, se você mora em uma área endêmica de verme pulmonar, é aconselhável fazer a vermifugação mensalmente para evitar que seu Golden Retriever contraia esse verme.

Parasitas internos podem ser contraídos ao comer coisas durante os passeios, entrar em contato com outros cães ou as fezes deles, compartilhar tigelas ou beber água suja. A exceção é o verme pulmonar, que é contraído através da ingestão de caracóis ou lesmas. Golden Retrievers adoram pegar coisas durante os passeios, então ficar atento ao que seu cão está fazendo reduzirá as chances de ele contrair parasitas.

Plano de Saúde para Pets

Um plano de saúde para pets ajudará a cobrir possíveis gastos veterinários que podem chegar a milhares de reais. Muitas pessoas não têm esse valor disponível, e os veterinários geralmente exigem pagamento adiantado antes da alta do animal.

Existem vários tipos de planos disponíveis, então é bom ler atentamente os detalhes e selecionar a opção que funciona melhor para você. Algumas seguradoras oferecem uma quantia por doença, que se renova a cada ano, enquanto outras fornecem uma quantia por doença para toda a vida. Outras empresas dão uma quantia para todos os cuidados de saúde, que se renova a cada ano.

Além disso, a coparticipação varia de empresa para empresa, e uma coparticipação mais alta pode reduzir o pagamento anual; no entanto, você precisará desembolsar um valor maior quando precisar usar o plano. Além disso, algumas seguradoras exigem que você pague uma porcentagem da taxa se seu cão tiver mais de uma certa idade.

Mesmo assim, planos de saúde para pets poupam muito dinheiro a longo prazo se algo acontecer com seu cão, e permitem que seu veterinário forneça o melhor atendimento veterinário possível sem que você tenha preocupações financeiras.

Se você proporcionar excelentes cuidados veterinários preventivos para seu Golden, ele te amará ainda mais por isso, pois terá uma vida muito mais saudável. E o que pode ser melhor do que um Golden Retriever feliz e saudável?

CAPÍTULO 12
Doenças do Golden Retriever

"Os Goldens podem estar predispostos a vários problemas genéticos. Uma doença ocular específica chamada uveíte pigmentar (mais conhecida como Uveíte do Golden Retriever) é uma condição séria. Cânceres específicos, especialmente o Hemangiossarcoma, são uma preocupação para os amantes de Goldens. A SAS é uma condição cardíaca melhor controlada hoje do que no passado, mas que exige que criadores façam exames cardíacos em cães reprodutores."

Jill Simmons
PoeticGold Farm

Embora todos os tutores se esforcem para ter um cão feliz e saudável, infelizmente existem algumas doenças genéticas que, não importa o quão saudável seu cão seja, ele pode contrair. No entanto, só porque a raça é predisposta a uma determinada condição, não significa que seu cão definitivamente sofrerá com ela em algum momento da vida. Quando você é tutor de um Golden Retriever, existem algumas doenças sobre as quais você deve saber para que, se notar os sintomas, possa consultar seu veterinário o quanto antes. Dessa forma, seu cão receberá o melhor tratamento o mais cedo possível para interromper a progressão da doença logo no início.

Doenças Cardíacas

Estenose Aórtica
Também conhecida como estenose subaórtica (SAS), esta é uma doença cardíaca que causa um estreitamento na saída do coração. O lado esquerdo do coração bombeia sangue oxigenado que vem dos pulmões para o corpo. Quando a saída está estreitada, há mais resistência, e, portanto, o músculo cardíaco precisa de uma contração muito mais forte para empurrar o sangue para fora.

Como qualquer músculo que trabalha intensamente, o músculo cardíaco aos poucos fica maior. Mas, diferentemente dos músculos em ou-

Foto cortesia de
Kellie Blood

tras partes do corpo, onde músculos grandes significam músculos fortes, o coração não consegue trabalhar bem quando está aumentado. Como resultado, o sangue acumula neste lado do coração em direção aos pulmões, de onde ele vem. Um aumento de pressão, causado pelo sangue acumulado, faz com que o fluido vaze da veia para os tecidos circundantes (que, neste caso, são os pulmões). Assim, em casos graves, os pulmões ficam cheios de fluido, e o cão tosse. Outro sintoma que ele pode demonstrar é letargia ou desmaios devido à quantidade insuficiente de sangue oxigenado sendo bombeado para outras partes do corpo.

Além dos sintomas clínicos, essa doença é diagnosticada através de um exame de ultrassom do coração. Se for detectada precocemente, um cardiologista veterinário pode tratar para alargar a saída do coração, o que melhora significativamente a vida do cão. No entanto, se diagnosticada em um estágio avançado, quando o coração já está aumentado e os pulmões já estão comprometidos, existem excelentes medicamentos para diminuir a pressão arterial, reduzir o estresse no coração e diminuir o fluido acumulado nos pulmões.

Efusão Pericárdica

O coração é cercado por um saco de tecido chamado pericárdio. Quando este se enche de líquido, restringe a capacidade do coração

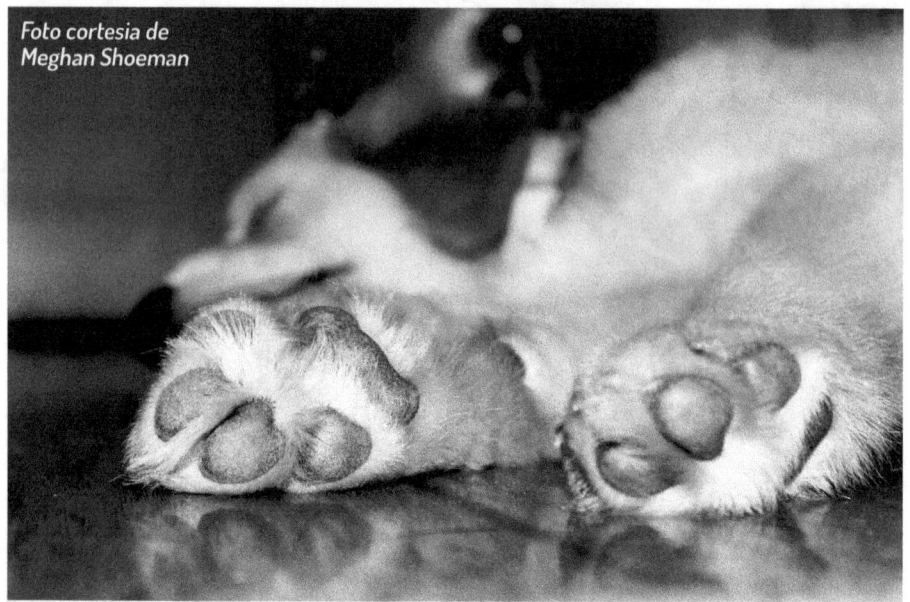

Foto cortesia de Meghan Shoeman

de bombear efetivamente. Embora ambos os lados sejam afetados, o lado direito do coração tem paredes mais finas e, portanto, pode ficar mais comprometido que o esquerdo. O sangue que chega ao lado direito do coração vem do corpo, para que possa ser bombeado para os pulmões para ser oxigenado novamente. Se esse sangue ficar acumulado no caminho para o coração, pode vazar fluido dos vasos para a cavidade abdominal.

A causa das efusões pericárdicas poder ser de origem cancerígena, mais comumente um tumor na parte externa do coração. No entanto, também pode ser idiopática, ou seja, de origem desconhecida. Um estudo realizado em um hospital veterinário do Reino Unido analisou 143 casos de efusões pericárdicas, dos quais 47 casos eram Golden Retrievers. Dentro desses 47 casos, sete tinham um tumor, e os outros 40 não tinham causa conhecida.

Seu veterinário suspeitará de efusão pericárdica se seu cão ficar muito letárgico ou começar a desmaiar ou tossir de repente. Ao auscultar o coração, ele ouvirá o som de uma máquina de lavar, em vez de um som de batida. Isso pode ser confirmado com ultrassom ou raio-X. A maioria dos veterinários conseguirá drenar o fluido ao redor do coração na própria clínica; infelizmente, se a causa for um câncer, é provável que o fluido se acumule novamente. No entanto, se for de origem idiopática, drenar o pericárdio pode curar o problema.

Doenças Dermatológicas

Dermatite Atópica

Existem opiniões variadas sobre se os Golden Retrievers têm maior risco de desenvolver alergia de pele, também conhecida como dermatite atópica, e parece que isso varia entre regiões.

Alergias de pele podem ser devido a várias causas: alimentos, ambiente ou picadas. Quando seu cão tem uma crise, ele pode se coçar muito, além de arranhar e lamber várias partes do corpo, como patas, axilas, barriga e a parte interna das patas traseiras. Ele também pode ter uma inflamação nos canais auditivos e balançar a cabeça excessivamente para aliviar a coceira nas orelhas.

Se você está fazendo tratamentos preventivos regularmente contra parasitas externos, é improvável que a alergia seja devido a esses parasitas, mas eles devem ser descartados em uma consulta veterinária. Em casos de alergia a pulgas, basta uma picada para causar coceira no seu cão.

Alergias alimentares devem ser descartadas primeiro com uma dieta de eliminação. Seu veterinário pode recomendá-las. Nessas dietas, todas as moléculas de proteína são hidrolisadas, o que significa que o corpo não pode reconhecê-las para reagir a elas. Esta dieta deve ser administrada por seis semanas, sem direito a petiscos ou restos do almoço da família. Se seu cão teve uma melhora significativa, diferentes sabores de proteína animal devem ser gradualmente introduzidos novamente para ver o que faz a alergia reaparecer.

Foto cortesia de Ashley DeFrancesco

Se tanto parasitas quanto alergias alimentares foram descartados, a causa restante é ambiental. Isso pode ser devido ao contato com um alérgeno, como produto de limpeza, grama alta, ou um inalante, como pólen. Essas alergias são difíceis de controlar, pois não podem ser evitadas. Existem várias opções de tratamento, que se concentram em três coisas: tratar crises, prevenir crises futuras e manter a saúde do pelo. Alergias não podem ser curadas.

Existem vários remédios disponíveis para ajudar com a coceira, e seu veterinário pode recomendá-los. Os esteroides são de longe os mais baratos, mas têm efeitos colaterais mais significativos, além de colocar muita pressão no fígado. Existem outras opções que diminuem a resposta imunológica aos alérgenos, mas elas são mais caras.

Outra opção é que seu veterinário formule uma vacina contra o alérgeno. Ela é administrada em intervalos crescentes; por exemplo, primeiro a cada 2 dias, depois 4, depois uma semana etc. Essas vacinas são eficazes para muitos cães; no entanto, a resposta não é instantânea.

Finalmente, dietas contendo ômega-3 e ômega-6 devem complementar qualquer terapia. Na proporção certa, eles têm efeitos anti-inflamatórios significativos, e ainda ajudam a construir a camada lipídica da pele para fornecer uma barreira melhor contra alérgenos externos.

Eczema Úmido

O eczema úmido também é conhecido como dermatite aguda úmida ou hot spots. Golden Retrievers têm uma maior incidência de eczema úmido, e cães com menos de quatro anos têm maior risco.

Essa condição corresponde a uma área de infecção bacteriana avermelhada, exsudativa e que coça muito. Seu cão vai querer lamber a área constantemente, mas isso só piora o problema, pois faz com que a infecção se espalhe muito mais rápido. Muitas vezes, o eczema úmido é muito mais extenso do que o tutor consegue ver, devido ao pelo espesso do Golden Retriever.

Seu veterinário será capaz de reconhecê-lo imediatamente e começará cortando o pelo para revelar a extensão da infecção, além de deixar o ar fresco chegar à área. Ele limpará a área com antisséptico, e você precisará continuar fazendo isso até que comece a melhorar. Seu cão precisará de um longo tratamento com antibióticos – geralmente várias semanas – além de usar um colar elisabetano ao redor do pescoço para não lamber a área.

Hipotireoidismo

Hipotireoidismo é quando a glândula tireoide não funciona da forma adequada. Isso pode ser por vários motivos; no entanto, no Golden Retriever, geralmente é devido a uma prevalência de autoanticorpos do hormônio tireoidiano (THAA), que atacam a tireoide. A tireoide desempenha um papel vital no metabolismo, então um cão com hipotireoidismo ficará letárgico e com um aumento de peso, apesar do apetite reduzido. Ele também pode ter uma barreira cutânea mais fraca e pelos mais finos, devido ao aumento da queda de pelos.

Não há cura para o hipotireoidismo, mas ele pode ser controlado de forma muito eficaz com remédios diários, com os quais seu cão pode viver uma vida normal.

Hemangiossarcoma

Golden Retrievers têm um risco aumentado para um tumor chamado hemangiossarcoma. Este tumor origina-se inicialmente no baço, mas pode se espalhar para o fígado, omento e pulmões. Os sinais deste tumor são inespecíficos e você pode notar apenas que seu cão está lento e com gengivas pálidas. Um veterinário, no entanto, conseguirá sentir uma massa no abdômen, e pode detectá-la durante uma consulta de rotina.

Tumores de hemangiossarcoma são perigosos e podem causar hemorragias no baço, que podem levar à morte súbita. Se o tumor não se espalhou para outros órgãos, o baço pode ser removido por cirurgia. A maioria dos veterinários de clínica geral pode fazer esta cirurgia, mas ela é demorada e tem alguns riscos. No entanto, sem a cirurgia, o prognóstico é muito ruim, e, portanto, muitos tutores preferem seguir em frente com ela. Uma vez operado, seu cão poderá viver uma vida normal sem o baço.

Doenças Articulares

Displasia do Cotovelo

A displasia do cotovelo é uma causa comum de claudicação nos membros anteriores em cães jovens. Golden Retrievers têm alto risco para esta condição. A displasia do cotovelo ocorre quando partes do cotovelo, como o processo coronoide medial ou processo ancôneo, não se desenvolveram adequadamente e se descolaram.

É uma condição genética e, portanto, todos os cães reprodutores devem fazer radiografias para verificar a saúde dos cotovelos antes de serem cruzados.

A displasia do cotovelo pode ser melhorada através de cirurgia articular para remover quaisquer fragmentos. O tratamento conservador também é uma opção, que envolve o uso de anti-inflamatórios quando necessário, exercício controlado, incluindo hidroterapia, e suplementos articulares, que são discutidos mais detalhadamente no Capítulo 16.

Displasia Coxofemoral

O quadril é composto por uma articulação de bola e soquete, onde o topo do fêmur encontra a pelve. O topo do fêmur deve ser perfeitamente redondo e se encaixar no soquete como uma peça de quebra-cabeça. No entanto, quando um cão tem displasia coxofemoral, as formas não se encaixam. Geralmente é a bola, e não o soquete, que é afetada. Isso pode fazer com que o quadril fique luxado para fora do soquete em casos graves, e causa uma marcha oscilante e claudicação dos membros posteriores.

Foto cortesia de Chris Wicks

Assim como a displasia do cotovelo, a displasia coxofemoral também é de origem genética e, portanto, os cães reprodutores devem ser testados antes da reprodução. Existem várias opções cirúrgicas, como substituir o quadril por um implante, ou fundi-lo, se for muito grave e as finanças forem um problema. No entanto, o tratamento conservador é mais comumente realizado, que é o mesmo que para a displasia do cotovelo.

Osteocondrose Dissecante

A osteocondrose, também conhecida como OCD, é uma condição que geralmente se torna aparente entre 4 e 12 meses de idade. As extremidades de todos os ossos começam como cartilagem, mas quando um filhote tem OCD, a cartilagem não se converte em osso. Em vez disso, torna-se cartilagem espessada, que pode se fragmentar ou formar uma aba e, como resultado, dá origem a fortes dores nas articulações.

As articulações afetadas nos Goldens são mais comumente o ombro e o joelho, embora possa acontecer em qualquer articulação do membro e, portanto, a claudicação pode ser tanto do membro anterior quanto do posterior. É diagnosticada com um raio-X e tratada com a remoção da cartilagem solta via artroscopia, que envolve a introdução de uma pequena câmera na articulação.

Todas as condições articulares dos Golden Retrievers são vistas em cães mais jovens; no entanto, elas progridem gradualmente para artrite se não forem tratadas ou gerenciadas adequadamente. A artrite é discutida mais detalhadamente no Capítulo 16.

Atrofia Progressiva da Retina

Abreviada como PRA, a atrofia progressiva da retina é uma doença hereditária recessiva. Ela pode ser testada em animais reprodutores, que é a conduta responsável a ser adotada por qualquer pessoa que pretenda reproduzir um Golden.

A PRA causa perda gradual de visão, que começa com cegueira noturna. Isso se deve à deterioração gradual do fundo do olho, conhecido como retina. Não há tratamento para a PRA, e ela sempre levará à cegueira de ambos os olhos.

Ureteres Ectópicos

O ureter é o tubo que transporta urina dos rins para a bexiga, onde é armazenada até que haja quantidade suficiente para o cão eliminá-la. A palavra ectópico significa "fora", e ureteres ectópicos são exatamente isso. Ocorre quando os ureteres terminam fora da bexiga, geralmente na uretra, que é o tubo que transporta a urina da bexiga para fora do corpo. Como resultado, cães que têm ureteres ectópicos têm escapes constantes de urina.

Geralmente, o problema é mais comum em fêmeas e costuma aparecer antes de um ano de idade. Não há nenhum tratamento medicamentoso que possa ser feito para a doença, e a cirurgia é a única opção para corrigir a anomalia anatômica. Enquanto o cão aguarda a cirurgia, o pelo dele deve ser mantido curto ao redor da área onde a urina está vazando para evitar queimaduras de urina, e a área deve ser limpa regularmente.

Os Goldens são propensos a várias doenças, muitas das quais são de origem genética, mas isso é comum em qualquer raça de cão de pedigree. A seleção cuidadosa do filhote a partir de cães reprodutores saudáveis e testados dará a melhor chance de ter um cão que terá uma vida saudável. No entanto, é importante que todos os tutores de Golden Retriever conheçam as doenças que podem surgir e sejam proativos em buscar aconselhamento veterinário se algum dos sintomas se tornar aparente.

CAPÍTULO 13
Trabalho

"A maioria das pessoas talvez não perceba que a raça é verdadeira-mente uma raça de trabalho, no sentido de que a habilidade de recupe-ração está geneticamente enraizada nela, e essa qualidade inata prova que treinar um retriever com a recompensa de buscar é muito valioso."

Gina Carr
Brier Golden Retrievers

A inteligência inata e a capacidade de adestramento do Golden Retriever faz dele uma raça ideal para trabalhar em uma ampla variedade de situações. É graças à adaptabilidade da raça que você pode encontrar Golden Retrievers trabalhando em todos os aspectos da vida, no campo, em casa, em ambientes urbanos, em portos e aeroportos. Cães que encontram sua vocação trabalhando ao lado de humanos geralmente são cuidadosamente selecionados ao nascer e altamente treinados desde cedo, embora, em alguns casos, o potencial pode ser descoberto em um abrigo. Embora este livro seja principalmente focado em animais de companhia, vale a pena reconhecer o quão inteligente e adaptável o Golden Retriever é, observando algumas das áreas em que ele pode ser encontrado trabalhando.

Foto cortesia de
Heather Dawson

Trabalho no Campo

O Golden Retriever foi originalmente criado como um cão de caça, como explicado no Capítulo 2. A raça foi desenvolvida por sua resistência, capacidade de adestramento, boca macia e habilidade de trabalhar em terrenos repletos de pântanos e riachos. Hoje, essas características costumam ser secundárias em importância em relação ao temperamento equilibrado e à natureza amigável do Golden Retriever como cão de companhia, e a raça divergiu. Aqueles que planejam usar um Golden Retriever no campo devem procurar especificamente por linhagens de trabalho. Cães dessas linhagens podem ter energia demais para se encaixar no perfil de um cão de família tranquilo. Alguns podem

Foto cortesia de
Julie & Holly Simmons
PrairieWyn Golden Retrievers

até mesmo acabar em abrigos, se tiverem sido adotados por um tutor que procurava um animal de estimação e acabou tendo que lidar com mais trabalho do que esperava. Portanto, é possível encontrar Golden Retrievers de trabalho em abrigos, mas, se ele foi abandonado muito jovem, é improvável que tenha recebido o treinamento inicial para se tornar um cão de caça. Em mãos experientes, no entanto, ele ainda pode encontrar sua vocação.

Na prática, os Golden Retrievers têm sido um pouco ofuscados no campo por seus primos Labradores. Uma desvantagem da raça é sua pelagem longa, que exige muito mais manutenção em condições úmidas e lamacentas do que a pelagem curta do Labrador. Eles também são menos comuns porque podem custar mais do que um Labrador. Mas a explicação mais provável é que o Golden Retriever se mostrou um sucesso excepcional como cão de companhia, fazendo com que os criadores se concentrem na produção de linhagens mais tranquilas, enquanto as linhagens de trabalho se tornaram uma especialidade.

Golden Retrievers trabalham de forma diferente no campo em comparação aos Labradores. O Labrador costuma ser visto com o nariz no chão seguindo um rastro, enquanto o Golden Retriever age pelo cheiro no ar e tende a manter a cabeça erguida. Eles são conhecidos por sua excelente capacidade de encontrar caça e pela elegância única no campo, sendo muito admirados por caçadores experientes.

Se você comprou um filhote de linhagem de trabalho com a intenção de usá-lo como cão de caça, o adestramento começará em uma escala reduzida desde o dia em que você o trouxer para casa. A construção de um relacionamento desde cedo ajudará a estabelecer a parceria entre vocês, garantindo que o cão queira apenas estar com você. Ele precisa aprender boas maneiras e confiança. Um vínculo forte superará o medo e garantirá que seu cão atenda aos seus comandos e retorne para você no campo.

O adestramento formal para cães de caça só deve começar depois que o filhote completar seis ou sete meses, para não sobrecarregar a mente dele. Nesta fase, eles aprenderão a agir ao som do apito. Você pode preferir mandar seu Golden para aulas de adestramento para cães

Foto cortesia de
David A Ring

de caça se não tiver experiência prévia, mas a prioridade ainda deve ser a construção de parceria entre vocês, e, por isso, o adestramento não pode ser totalmente delegado a outras pessoas.

Uma característica incrível é que o Golden Retriever tem patas com membranas! Ele não é exatamente um pato, mas essa característica da raça vem de seus ancestrais, que eram cães d'água, e é uma vantagem para ele trabalhar em terrenos alagados.

Cães para Pessoas com Deficiência

Um cão que é treinado para realizar tarefas que permitem a uma pessoa com deficiência ter uma vida mais independente é conhecido como cão de serviço ou cão de assistência. O Golden Retriever é uma raça muito favorecida neste campo, devido à alta inteligência e capacidade de aprendizado, além do fato de que ele faz tudo o que está ao seu alcance pelo seu humano. Golden Retrievers também são ótimos em usar o cérebro.

O papel mais frequentemente associado aos Golden Retrievers no contexto de cães de serviço é como cão-guia para cegos. Os cães-guia não apenas ajudam com tarefas domésticas, mas têm a importante responsabilidade de manter o tutor seguro em locais públicos. Eles também cumprem o papel vital de companheirismo, pois ter uma deficiência pode ser muito solitário, então a presença constante de um cão de natureza gentil pode ajudar o tutor com deficiência a enfrentar os desafios da vida.

Foto cortesia de Meghan Shoeman

Os cães-guia são criados a partir de programas de reprodução especializados para garantir que o filhote herde as características adequadas para ser um cão de assistência. Eles devem ter excelente saúde, ser confiantes e responsivos, mas permanecer focados e não se distrair. Entre 8-10 semanas, eles entram em um programa de treinamento que vai até os 12-18 meses. Durante esse perío-

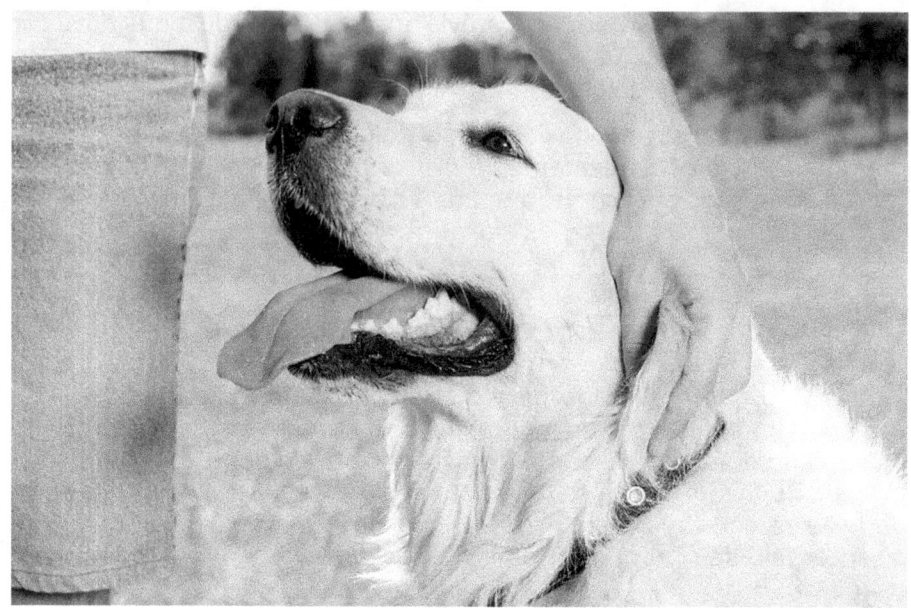

do, eles são avaliados para ver se no futuro poderão ser um cão-guia, cão de terapia ou cão de companhia.

Entre 16-18 meses, aqueles que foram selecionados como cães-guia começam o treinamento formal. No entanto, durante esse período, eles também têm tempo para brincar, passear, roer e tirar sonecas como qualquer cão de estimação, pois precisarão estar confortáveis no ambiente doméstico, por mais formal que tenha sido seu treinamento. Aos dois anos, eles conhecerão o novo tutor, que também será treinado para a nova parceria. Golden Retrievers também podem ser cães de assistência para pessoas surdas.

Golden Retrievers que não se tornam cães-guia podem encontrar sua vocação como cães de terapia. As qualidades necessárias para um cão de terapia incluem um temperamento quieto e calmo, e uma natureza amigável, então esse papel é muito adequado para um Golden Retriever. Cães de terapia interagem com pessoas para melhorar o bem-estar emocional delas. Estudos mostraram que brincar com um cão pode aumentar os níveis de serotonina e a dopamina, o que promove uma sensação de felicidade. Golden Retrievers às vezes são escolhidos como cães de terapia residentes, por exemplo, para pessoas com autismo; no entanto, esses cães geralmente não vivem com a pessoa que necessita de apoio, e são de propriedade de um condutor que leva o cão a hospitais, casas de repouso e residências individuais para interações de curto prazo. É útil, portanto, que o Golden Retriever ame a todos incondicionalmente e esteja sempre pronto para alegrar o dia de um completo estranho.

Um fato interessante é que, como cão de assistência, o Golden Retriever pode ser treinado para acender e apagar luzes, abrir e fechar portas, e até mesmo colocar roupas na máquina de lavar!

Busca e Resgate

Os Golden Retrievers se destacam como cães de busca e resgate, não apenas devido à capacidade de adestramento, vontade de agradar e temperamento estável, mas porque têm um excelente olfato. Isso os torna ideais para rastreamento em casos de pessoas desaparecidas, ou em desastres naturais, onde pessoas podem estar enterradas sob escombros ou avalanches. Nessas condições extremas, sua pelagem espessa serve como proteção. Golden Retrievers são a raça mais frequentemente vista em situações de resgate em massa, e estima-se que eles tenham a capacidade de fazer o trabalho de 20-30 seres humanos. A busca e resgate é sempre uma corrida contra o relógio, então eles são verdadeiros heróis que já salvaram inúmeras vidas em todo o mundo.

Como os Golden Retrievers são particularmente adaptados para captar odores no ar, eles não exigem uma posição de último avistamento, mas podem captar o cheiro humano de qualquer lugar na área. Eles podem ser usados para encontrar vítimas que ainda estão vivas, ou cadáveres, farejando gases de decomposição. Golden Retrievers podem detectar esses gases até mesmo na água. Eles também são usados como cães de evidência, farejando itens que têm cheiro humano, seja de uma pessoa viva ou o cheiro de restos mortais.

Foto cortesia de Melissa Morrison

Para se tornar um cão de busca e resgate, tanto o cão quanto o condutor precisam passar por um treinamento rigoroso. O treinamento oficial de busca e resgate não pode começar até que o cão esteja totalmente desenvolvido, por volta dos 18 meses, e leva entre seis meses e dois anos. Como em todas as disciplinas de trabalho, o condutor pode começar o trabalho de base com seu filhote, ensinando obediência, confiança e estabelecendo um vínculo.

Tanto os condutores quanto os cães precisam de certificação nacional para participar de busca e resgate, e isso precisa ser renovado a cada poucos anos.

Às vezes, um cão de abrigo mostra ter talento para trabalhar nessa área e, assim, ao ser resgatado, pode resgatar outros.

A Associação Canadense de Cães de Busca tem o lema "Fide Canem", que significa "Confie no Cão". Este é o princípio fundamental na busca e resgate e a razão pela qual tantas pessoas devem suas vidas a um Golden Retriever.

Golden Retrievers têm 300 milhões de receptores olfativos em seus narizes, em comparação com um humano, que tem apenas 6 milhões. Portanto, o olfato deles é 50 vezes maior que o de um humano!

Cães Policiais

Além da busca e resgate, o nariz sensível do Golden Retriever o torna um trunfo para a força policial, onde seu olfato aguçado pode ser treinado para farejar explosivos e narcóticos.

O Golden Retriever não é a raça mais associada ao trabalho policial; essa honra cabe ao Pastor Alemão, já que um certo nível de agressividade natural é necessário para funções de proteção (uma característica que o dócil Golden Retriever não possui). Mas, por outro lado, além de seu excelente faro, o Golden Retriever gosta de trabalhar e aprende rapidamente, construindo uma conexão com seu condutor, por isso muitos Goldens ganham o status de cão policial como cães farejadores especializados.

Você verá Golden Retrievers trabalhando neste campo em aeroportos, portos e postos de fronteira. Usando seu olfato aguçado, eles são treinados para reconhecer explosivos, armas de fogo, drogas ilegais, importações ilegais, como animais ou produtos de origem animal, sangue, dinheiro e até eletrônicos contrabandeados. Pode parecer mágica que o nariz de um cão consiga identificar esses itens, mas ainda vai além: o cão farejador pode identificar esses odores até quando eles estão mascarados por outros odores, algo que os contrabandistas fazem em uma tentativa fútil de superar o nariz de um Golden Retriever.

Quando o Golden Retriever farejador capta o cheiro-alvo, ele sinaliza para seu condutor arranhando a superfície próxima à fonte do cheiro ou sentando-se perto dela. O condutor precisa estar extremamente sintonizado com a linguagem corporal de seu cão.

Tipicamente, um cão farejador pode inspecionar completamente um veículo em uma fronteira em cerca de 5 minutos, em comparação com os 20 minutos que um oficial sem cão levaria para fazer uma busca básica. Portanto, fica claro que, além de serem mais minuciosos, os cães farejadores mantêm o fluxo de tráfego e minimizam os atrasos nas passagens de fronteira.

Assim como na busca e resgate, os cães farejadores da polícia às vezes vêm de abrigos. Algumas forças policiais também têm seus próprios programas de reprodução. Os cães podem ser machos ou fêmeas e ter entre 1 e 3 anos para começar a trabalhar. Cães farejadores trabalham oito horas por dia, e a carreira deles dura até oito anos, após os quais geralmente são adotados por seu condutor. Caso contrário, um bom lar será encontrado para ele.

Talvez você não saiba, mas ferir intencionalmente ou matar um cão policial é um crime grave. Se um cão policial morre em serviço, ele é enterrado com as mesmas honras que seu parceiro humano.

Como vimos neste capítulo, o Golden Retriever é um cão extremamente versátil, que não apenas se encaixa em uma família como animal de companhia, mas também se destaca em muitas áreas diferentes no mundo do trabalho.

CAPÍTULO 14
Reprodução

Decidindo sobre Reprodução

Adecisão de reproduzir seu Golden Retriever não deve ser tomada de forma leviana. Existem mais filhotes sendo produzidos no mundo do que lares amorosos disponíveis e, com tantos cães em abrigos, não é responsável reproduzir seu cão apenas por diversão ou porque "seria legal ter uma ninhada". A reprodução requer conhecimento, tempo e dinheiro, então se você está pensando em se tornar um criador dedicado de Golden Retriever, este capítulo fornecerá alguns conhecimentos básicos para começar. A criação não vai deixar você rico, mas pode ser extremamente gratificante contribuir para melhorar a genética da raça Golden Retriever com uma ninhada saudável e impressionante.

Foto cortesia de
Marnie Harrell – Shadymist Kennel, LLC

Foto cortesia de
Lori Reuter - Avalor Goldens

Cruzamento

Depois de decidir que vai seguir com o cruzamento da sua Golden Retriever fêmea, você deve começar selecionando um parceiro adequado. Como mencionado em capítulos anteriores, os Golden Retrievers são propensos à displasia de quadril e de cotovelo, além de ARP (Atrofia Progressiva de Retina), portanto, é aconselhável selecionar um padreador que tenha excelentes resultados em exames de quadril e cotovelo, e que tenha feito testes genéticos para anormalidades oculares. Você também deve investir nesses testes para sua cadela. Quando tiver certeza de que a combinação resultará em filhotes excelentes, você deve esperar que sua cadela entre no cio.

As cadelas só podem cruzar durante alguns dias do período em que o sistema reprodutivo delas está ativo, o que geralmente dura cerca de 21 dias. As fêmeas entram no cio a cada seis meses, em média, a partir de aproximadamente um ano de idade. No entanto, é importante esperar que a cadela tenha o primeiro cio antes de cruzá-la. Ela pode cruzar do segundo cio até os cinco anos de idade. Depois disso, não é mais recomendado reproduzir, pois produzir uma ninhada de filhotes exige que o corpo suporte uma grande quantidade de esforço, o que um corpo mais velho pode não conseguir aguentar.

Os sinais do cio incluem secreção com tonalidade rosa, vermelha ou marrom da vulva, além de inchaço nessa área. A região pode ficar mais inchada que o normal, o que pode fazer com que a cadela lamba a área. Além disso, muitas cadelas apresentam uma leve mudança no comportamento, ficando mais apegadas que o normal ou "maternando" brinquedos. Quando a fêmea estiver ativamente no cio, o que ocorrerá por alguns dias dentro do ciclo de 21 dias, ela deve visitar o padreador. Se estiver pronta, o macho a montará para acasalar. Depois disso, ele vai se virar de modo que fiquem de costas um para o outro. Isso é chamado de "laço". Nessa posição, os cães não devem ser separados à força, pois isso pode causar sérios danos ao padreador.

Gestação

Quando suspeitar que sua cadela está grávida, seu veterinário poderá investigar isso para você. Um exame de sangue pode ser feito aos 22 dias, e um ultrassom pode ser feito aos 42 dias. A gestação dura 63 dias, e é improvável que você saiba quantos filhotes a fêmea carrega até que ela dê à luz. A única maneira de saber é por meio de um raio-X, depois que os esqueletos dos filhotes tenham se calcificado, mas raios-X podem ser perigosos para o desenvolvimento do feto.

Quando a gestação for confirmada, a cadela matriz não deve ser submetida a estresse desnecessário. O corpo dela estará exigindo mais energia para alimentar os filhotes em crescimento, por isso é vital fornecer uma alimentação de alta qualidade. Ela ainda pode continuar passeando, mas uma caminhada de 20 minutos com saltos e corridas mínimas é ideal. Ela precisará de um lugar quente e confortável para descansar durante o dia.

Próximo ao fim da gestação, você começará a notar que a barriga dela está inchando e ficando dura. As mamas dela também aumentarão e ela pode parecer mais faminta que o normal. Ela ficará mais letárgica e começará a criar um ninho com brinquedos macios, se tiver alguns.

Parto

Quando a gestação estiver chegando ao fim, você pode começar a medir a temperatura da matriz. Uma temperatura normal varia entre 38°C e 39°C, mas quando ela cai, geralmente para menos de 37,8°C, significa que o trabalho de parto provavelmente começará nas próximas 24 horas. Quando a matriz entrar em trabalho de parto, ela deve ser colocada em uma caixa de parto. Isso garante que ela dará à luz em um ambiente seguro para ela e para os filhotes. Essa caixa pode ser feita em casa, cortando um dos lados de uma grande caixa de papelão, ou retirando as almofadas de uma cama de cachorro rígida e forrando-a com jornal. Esta segunda opção é a melhor, pois o jornal pode ser removido conforme fica sujo, e a cama pode ser facilmente limpa depois.

Os sinais de trabalho de parto incluem andar de um lado para o outro, choramingar e empurrar de vez em quando. Ele pode durar bastante tempo, mas isso é normal. Os filhotes não nascem todos de uma vez, e pode haver intervalos de até duas horas entre o nascimento de cada filhote. Os filhotes nascerão dentro do saco amniótico, que a matriz rasgará, mas às vezes esse saco pode se romper no canal do parto. A matriz então lamberá o filhote para limpar o fluido amniótico e aquecer o filhote. Alguns criadores preferem pegar o filhote assim que ele nasce e esfregá-lo vigorosamente nas costas com uma toalha para secá-lo. Isso estimula a respiração e é benéfico se for a primeira gestação da matriz e ela não mostrar instintos muito bons, mas geralmente não é necessário. O criador geralmente verifica o nariz e a boca do filhote para garantir que estejam livres de fluidos.

Foto cortesia de
Britta Nielson ~ Dewbury Dream Goldens

Foto cortesia de
Angel Martin – Goldensglen

Se a temperatura da matriz cair e nenhum filhote tiver nascido nas últimas 24 horas, se ela parecer estar com dor excruciante, estiver fazendo força sem resultados, não tiver dado à luz um filhote dentro de duas horas após o último, e sabe-se que há mais filhotes lá dentro, ou se estiver produzindo secreção verde, ela deve ser levada ao veterinário com urgência, pois pode precisar de uma cesariana. O tempo é essencial, pois quanto mais cedo ela fizer a cirurgia, maior a chance de os filhotes sobreviverem.

Depois que todos os filhotes chegarem, a matriz comerá os sacos amnióticos e os cordões umbilicais. Embora não pareça apetitoso para nós, isso fornece a ela uma carga de nutrientes para iniciar a produção de leite. Em seguida, ela deve descansar e amamentar os filhotes em um local quente (29°C) sem correntes de ar. Os filhotes não devem ser colocados em uma cama de cachorro macia, pois isso aumenta os riscos de sufocamento.

Cuidados Pós-parto

O parto é cansativo, então permita que a matriz e os filhotes descansem após o nascimento. Depois que ela descansar, a matriz pode receber um banho de esponja morna para limpar qualquer sujeira do parto, e então receber comida e água. Ela provavelmente não vai querer comer imediatamente, mas deve ter comida e água disponíveis para quando estiver pronta.

Por aproximadamente uma semana após o parto, pode haver uma secreção leve saindo da vulva da matriz. Uma cor rosa claro, vermelha ou marrom é normal, mas se tiver odor fétido ou for preta ou verde, ela deve ser examinada imediatamente por um veterinário.

Alguns dias após o nascimento, é uma boa ideia levar a matriz e os filhotes ao veterinário. Dessa forma, ele pode examiná-los para garantir que estão com saúde excelente e que os filhotes não estão sofrendo de fendas palatinas, sopros cardíacos ou hérnias umbilicais.

Criando Filhotes

É emocionante ter uma ninhada de filhotes crescendo em sua casa, e ainda mais emocionante começar a encontrar possíveis lares para eles. É sua responsabilidade garantir que os futuros lares dos filhotes sejam experientes e amorosos, e não há nada de errado em querer saber mais sobre os novos tutores. Possíveis compradores virão à sua casa para ver os filhotes. Eles podem fazer isso desde cedo e podem preferir reservar um filhote até que você esteja pronto para liberá-los. A maioria dos criadores colocará uma coleira no filhote para distingui-lo dos demais, a menos que o filhote tenha uma marca distintiva.

Os filhotes podem ir para seus novos lares a partir de oito semanas de idade, mas alguns criadores optam por manter o filhote até 12 semanas. Por volta das quatro semanas de idade, eles podem começar a mordiscar a comida da matriz, além de mamar. Nessa idade, eles podem começar a receber um pouco de ração para filhotes, embora provavelmente só consigam comer ração úmida ou ração seca umedecida. Nas quatro semanas seguintes, eles serão gradualmente desmamados para se alimentar exclusivamente com ração para filhotes.

Foto cortesia de
Lori Reuter – Avalor Goldens

Os filhotes precisam ser vermifugados contra vermes redondos às 2, 4, 6, 8 e 12 semanas de idade, pois são particularmente suscetíveis a pegar vermes quando jovens. Eles só precisam receber tratamento contra pulgas se tiverem pulgas e, se precisarem ser tratados, isso deve ser feito com um produto adequado para filhotes, já que muitos produtos contra pulgas não podem ser usados em animais muito jovens ou pequenos. Alguns criadores incluem um microchip e as primeiras vacinas do esquema inicial de vacinação no custo do filhote, e isso pode ser feito às oito semanas de idade por um veterinário. Se o filhote ainda não tiver sido reservado, o microchip precisará ser registrado no nome do criador, e os detalhes alterados quando o filhote for vendido.

Uma ninhada de Golden Retrievers traz muita alegria e diversão, e pode ser extremamente gratificante saber que você está contribuindo para melhorar a genética da raça, especialmente se você criou cães próximos ao padrão da raça. No entanto, criar filhotes não é fácil e requer conhecimento e recursos financeiros consideráveis. Por isso, se você não está familiarizado com a reprodução e não planeja criar para fins comerciais, é melhor deixar isso para os criadores profissionais registrados de Golden Retriever.

CAPÍTULO 15
Exposições

Selecionando um Cão para Exposições

O Golden Retriever é uma raça de aparência deslumbrante. Por isso, não é surpresa que muitos tutores desejem mostrar a beleza de seus cães participando de competições. O nível no qual o tutor deseja expor seu cão é uma questão de preferência pessoal. Exposições locais e informais serão ambientes menos estressantes, com mais flexibilidade em relação ao padrão da raça. Mas tutores que desejam progredir para exposições nacionais precisarão se familiarizar com o padrão da raça em seu país antes de selecionar um filhote, e pesquisar a genética das diferentes linhagens disponíveis para venda. O sucesso no ringue começa com a conformação correta, o que significa estar em confor-

Foto cortesia de
Angel Martin
Goldensglen

midade com o ideal. Este ideal pode não ser o mesmo em todos os países, então se você selecionar um filhote que se desvia muito do padrão da raça, a progressão além das exposições locais nunca acontecerá, por mais bonito que seja o seu Golden.

A primeira consideração ao selecionar um filhote é se você deseja expor um cão macho ou fêmea. Esta é uma questão de preferência pessoal que também pode ser influenciada pela sua intenção de reproduzir o cão. Ambos os sexos podem se destacar no ringue, embora as fêmeas tenham cio duas vezes por ano, o que pode fazer com que percam pelos, sendo desvantajoso se coincidir com a data da exposição. Ambos os sexos, no entanto, devem apresentar os mesmos atributos de conformação correta, confiança, paciência e adaptabilidade, além de movimentação graciosa e capacidade de ficar parado. Alguns desses atributos, como confiança, podem ser observados entre uma ninhada de filhotes, e outros, como conformação, podem ser avaliados em combinação com a consideração dos cães reprodutores, e ambos devem ser vistos. Outros atributos precisarão ser ensinados. É por isso que o tutor que deseja expor seu Golden Retriever de maneira formal quase sempre se sairá melhor escolhendo um filhote, pois, a menos que um cão adulto venha de um histórico de exposições, ele não terá tido o treinamento inicial para ter sucesso.

Se você já é um tutor experiente com Golden Retrievers ou tem um interesse de longa data pela raça, talvez já saiba quais linhagens lhe interessam e está entrando em contato com criadores em preparação para futuras ninhadas. Se você ainda não conhece tão bem a raça, pode obter uma lista de criadores aprovados pela Confederação Brasileira de Cinofilia (CBKC). Para expor seu cão, tanto o padreador quanto a matriz precisarão estar registrados, assim como seu filhote (o criador fará o registro para toda a ninhada). Comprar um filhote de um criador não registrado desqualificará o cão de qualquer competição (exceto exposições locais e informais), já que o propósito das exposições de alto nível é mostrar as linhagens genéticas ideais para a perpetuação de padrões ótimos nas gerações futuras. Isso é do interesse da saúde e bem-estar da raça, então o respeito às regras tem um objetivo maior.

Vamos supor que você identificou um criador que tem uma ninhada de filhotes que estarão prontos para ir para casa com 8-10 semanas. Quão cedo você pode escolher seu futuro campeão de exposições? A resposta é por volta de cinco semanas de idade, e, como já falamos no Capítulo 4, você deve procurar um filhote saudável que seja esperto, alerta e feliz ao ser manipulado. Além disso, existem algumas considerações adicionais para o ringue. O filhote escolhido não deve ter previsão de atingir um tamanho adulto fora da faixa do padrão da raça. O tamanho do padreador e da matriz deve ser um indicador disso. Ele não deve ter marcações incomuns, anomalias de pigmentação ou falhas de conformação, como mordida prognata ou retrognata, e embora sua coloração seja mais clara como filhote do que sua pelagem adulta, tons extremos devem ser evitados. Pode parecer rigidez demais, mas esses filhotes encontrarão lares amorosos como animais de estimação onde a exposição não é uma prioridade do tutor. Lembre-se também que o criador é um especialista e ajudará a orientar sua escolha. Manter um relacionamento com o criador terá o benefício mútuo de que ele pode acompanhar os sucessos de sua prole no ringue, e você terá um mentor com quem poderá aprender à medida que seu cão progride.

Após Selecionar Seu Filhote

Então, após a pesquisa, você selecionou seu futuro campeão de exposições e o reservou para buscar quando estiver pronto para deixar a matriz. Neste estágio, o cão está registrado no nome do criador. Quando você buscar seu filhote, o criador lhe dará o Documento de Informação de Registro da CBKC para que você possa transferir a propriedade registrada para seu nome. Você não poderá expor seu cão até que isso seja feito, então é bom realizar essa etapa imediatamente. Isso pode ser feito por correio ou online, e você terá o suporte adicional e os recursos da CBKC, que serão inestimáveis para as exposições.

A prioridade mais importante para seu filhote se sair bem no ringue, é a socialização. Seu cão precisará estar confortável com humanos e todos os outros cães no ambiente de exposição. Esperamos que você já tenha escolhido um cão confiante, mas a socialização com outros cães precisa começar assim que ele receber as primeiras vacinas, e com humanos desde o dia em que nasceu. Aulas regulares de socialização e adestramento de filhotes construirão a base, mas seu cão de exposição também precisará aprender a ser manipulado por estranhos, a ficar parado e a tolerar ser colocado na posição correta para o juiz avaliar. Ele terá que aprender a se movimentar da melhor forma possível. Sua genética cuidadosamente selecionada deve ser a base para isso, mas aprender a utilizar um andar mais gracioso para o ringue é um objetivo desejado tanto para o cão quanto para o condutor.

Não há melhor maneira de aprender as técnicas para expor seu cão do que visitar exposições e observar. Levar seu cão jovem com você também o acostumará ao ambiente de exposição antes que qualquer expectativa seja colocada sobre ele. Vocês dois aprenderão juntos e estarão prontos para começar quando você se inscrever na primeira exposição depois que o filhote completar seis meses de idade. Você também poderá conhecer criadores e expositores experientes e obter algumas dicas em primeira mão. Saber o que esperar tornará os estágios iniciais da carreira de exposição do seu cão muito menos intimidadores. Você também verá as qualidades que um campeão de exposição deve ter, e avaliará os pontos fortes e fracos do seu próprio cão em relação ao padrão da raça. Você observará a etiqueta de exposição e como lidar com a decepção e a aceitação do que você pode considerar uma decisão errada. Você estará pronto para mostrar seu cão da melhor forma possível desde o início e talvez ganhar algumas pre-

Foto cortesia de Deb Litzelfelner

miações iniciais para encorajá-lo ao longo do caminho.

A expectativa histórica dos cães de exposição é que eles não sejam castrados. Enquanto a castração é recomendada para cães de estimação, você não poderá expor um cão castrado em competições de conformação de alto nível no Brasil. Isso porque o propósito da exposição de conformação é provar que um cão é digno de ser reproduzido. No Reino Unido, isenções são concedidas mediante solicitação de uma carta de permissão para expo-sição do Kennel Club. No entanto, reconhece-se que a castração torna a pelagem mais ás-pera em cadelas, e, na prática, a ausência de testículos no cão macho pode influenciar a decisão do juiz ao alocar as colocações mais altas.

Padrões da Raça

É de vital importância reconhecer que o padrão da raça para o Golden Retriever difere de país para país, e seu cão precisa estar em conformidade com o padrão do país em que está competindo. Como já mencionamos, o Golden Retriever americano é mais escuro e esguio que o Golden Retriever britânico, mais claro e de estrutura mais quadrada. As exposições de conformação tratam exclusivamente do alinhamento com o padrão de raça desejado em um determinado país, então este tem que ser o recurso mais importante que você precisa para expor seu cão. Os padrões

*Foto cortesia de
Jill Simmons
PoeticGold Farm*

para os EUA e o Reino Unido são fornecidos aqui. Em outros lugares, você deve consultar a CBKC, mas os padrões de raça são facilmente encontrados online.

Confederação Brasileira de Cinofilia (CBKC)

Padrão Oficial da Raça Golden Retriever (2015)

Aparência Geral: Simétrico, equilibrado, ativo, poderoso, com movimentação nivelada, sadio, com expressão doce. Primordialmente um cão de caça, deve ser apresentado em condição de trabalho. A aparência geral, equilíbrio, movimentação e propósito devem ter mais ênfase que qualquer de suas partes componentes.

Faltas - Qualquer desvio do ideal descrito deve ser considerado como falta, na proporção de sua gravidade e seus efeitos sobre a saúde e bem-estar do cão e sua capacidade de desempenhar seu trabalho tradicional.

Tamanho, Proporção, Substância: Machos 56 a 61 cm de altura na cernelha; fêmeas 51 a 56 cm. O comprimento do corpo, da ponta do peito à ponta da nádega, é ligeiramente maior que a altura na cernelha. Peso para machos entre 29 a 34 kg; fêmeas entre 25 a 29 kg.

Cabeça: Balanceada e bem cinzelada.

- **Crânio:** Largo sem ser grosseiro; bem inserido no pescoço
- **Stop:** Bem definido
- **Focinho:** Poderoso, largo e profundo. Seu comprimento é aproximadamente igual ao comprimento do stop ao occipital
- **Trufa:** De preferência preta
- **Olhos:** Marrom escuros, bem espaçados um do outro; as bordas das pálpebras são escuras
- **Orelhas:** De tamanho moderado, inseridas aproximadamente ao nível dos olhos
- **Dentes:** Maxilares fortes, com uma mordedura perfeita, regular e completa em tesoura, ou seja, a face interior dos dentes incisivos superiores está em contato com a face exterior dos incisivos inferiores, os dentes sendo colocados perpendicularmente aos maxilares

Pescoço, Linha Superior, Corpo:

- **Pescoço:** De bom comprimento, limpo e musculoso
- **Linha Superior:** Nivelada
- **Lombo:** Forte, musculoso, de comprimento curto
- **Peito:** Profundo até a altura do coração. Costelas profundas, bem arqueadas
- **Cauda:** Inserida e portada ao nível do dorso, alcançando os jarretes, sem curvatura na ponta

Membros Anteriores:

- **Aparência Geral:** Musculosos, bem coordenados com os posteriores e capazes de movimento livre
- **Espáduas:** Bem inclinadas para trás, longas
- **Braços:** De comprimento aproximadamente igual ao das espáduas

- **Membros:** Vistos de frente, retos, com boa ossatura
- **Pés:** Redondos, tipo pé-de-gato

Membros Posteriores:

- **Aparência Geral:** Largos e fortemente musculosos
- **Joelhos:** Bem angulados
- **Jarretes:** Bem descidos, retos quando vistos por trás, não voltados nem para dentro nem para fora. Jarretes de vaca são altamente indesejáveis
- **Pés:** Redondos, tipo pé-de-gato

Pelagem: Lisa ou ondulada, com boa franja, subpelo denso e resistente à água. A pelagem não deve ser tosada nem aparada, exceto os pés que podem ser aparados e pelos desalinhados podem ser arrumados, mas a aparência natural da pelagem não deve ser alterada por corte ou tosa.

Cor: Qualquer tonalidade de dourado ou creme, nem vermelha nem mogno. Alguns pelos brancos somente no peito são permitidos.

Movimentação: Poderosa, com boa propulsão. Reta e fiel na frente e atrás. Passadas longas e livres, sem nenhum sinal de ação de hackney na frente.

Temperamento: Obediente, inteligente, possui natural habilidade para o trabalho, amável, amigo e confiável. Agressividade ou timidez excessiva não condizem com o caráter do Golden Retriever e devem ser penalizadas de acordo com sua gravidade.

Faltas Desqualificantes:

- Agressividade ou timidez excessiva
- Qualquer cão que apresente claramente anomalias físicas ou comportamentais

Nota: Machos devem apresentar dois testículos de aparência normal, completamente descidos no escroto. Somente cães funcionalmente e clinicamente sadios, com conformação típica da raça, devem ser usados para reprodução.

Preparando-se para uma Exposição

Expor seu cão em competições de conformação pode ocorrer de forma local e informal, ou no circuito rigorosamente regulamentado e prestigioso da CBKC. No entanto, pode ser uma boa ideia começar em um ambiente onde a pressão é menor para que você e seu cão tenham uma ideia de como funcionam as exposições e possam aproveitar a experiência. Pode até haver classes de novatos em exposições locais, onde todas as regras são deixadas de lado, e você e seu cão podem se divertir.

No entanto, se você selecionou e treinou seu Golden Retriever para ter sucesso em competições de alto nível, logo vai querer subir nos rankings e competir com os melhores. Ao registrar seu filhote na CBKC e se juntar ao Clube do Golden Retriever em seu país, você terá acesso a listas de exposições e poderá planejar com antecedência as exposições que gostaria de participar. Certifique-se de enviar sua inscrição e pagamento com bastante antecedência e, depois, pode começar a se planejar para o grande dia.

Se a exposição que você está participando ficar a uma certa distância, você também precisa reservar acomodações que aceitam cães perto do local, para que seu Golden tenha tempo de se adaptar, especialmente se ele sofre de estresse ou enjoo ao viajar.

A pelagem do Golden Retriever é a glória suprema dele, e certamente você deseja que ela fique ainda mais bonita no dia. Se você está expondo uma cadela, é aconselhável não escolher uma exposição próxima ao cio dela, pois a queda de pelos afetará a qualidade da pelagem. Lembre-se que o padrão da raça busca uma aparência natural, então seu cão não deve estar tosado ou com o pelo arrumado de forma artificial. Você deve escovar seu cão diariamente para manter a sedosidade natural da pelagem e a distribuição dos óleos. Se você deseja dar banho em seu cão, isso deve ser feito alguns dias antes da exposição, para que os óleos naturais retornem à pelagem até o dia da exposição. Esteja ciente de que, embora certos truques de grooming possam disfarçar pequenas falhas de conformação à primeira vista, o juiz é experiente e examinará minuciosamente o cão com as mãos, então eles não serão enganados por floreios feitos em áreas problemáticas.

Como parte da rotina regular de grooming do seu cão, você deve limpar os dentes dele diariamente, pois dentes faltando ou deteriorados constituirão uma falta no ringue.

Você terá praticado o posicionamento do seu cão para o juiz, mantendo a atenção dele e trabalhando no ritmo ideal para demonstrar sua andadura fluida. Essas coisas tendem a melhorar com a experiência. O uso de iscas geralmente é permitido no ringue para trazer um brilho aos olhos do seu cão no momento certo; no entanto, o uso excessivo de petiscos não impressionará o juiz. Enquanto estiver no ringue, seja parado ou em movimento, considere o contorno do cão, especialmente o perfil lateral. Como expositor, certifique-se de usar uma cor neutra ou escura e lisa para que seu cão se destaque da melhor forma em relação você. Calce sapatos práticos para que você se mova tão facilmente quanto seu cão no ringue.

O juiz está procurando os pontos fortes do cão, pois todos os cães terão algumas fraquezas – nenhum é perfeito. Lembre-se: embora eles estejam avaliando o cão segundo o padrão da raça, até certo ponto as colocações finais serão uma questão de opinião, e você pode não concordar. Um bom espírito esportivo na competição é considerado a etiqueta correta em exposições, e você nunca deve questionar a decisão do juiz. Sempre haverá outra chance!

Este capítulo discutiu exposições de conformação; no entanto, o Golden Retriever é um cão de muitos talentos e pode competir em outras disciplinas, como Agility, Flyball, Obediência Competitiva, eventos de cães de caça e provas de trabalho. Para essas classes, não importará se o cão tem falhas estéticas ou se foi castrado. Sempre haverá uma arena na qual seu Golden Retriever poderá brilhar, e ele aproveitará a oportunidade para estimular o cérebro ativo, fortalecendo a conexão entre vocês enquanto conquistam prêmios juntos.

CAPÍTULO 16
Convivendo com um Cão Idoso

Ao longo da sua jornada como tutor de um Golden Retriever, é inevitável que seu amigo peludo chegue aos seus anos dourados. Se você tem seu cão desde filhote, isso pode parecer distante, mas, se você adotou um cão mais velho, talvez esses anos estejam se aproximando. De qualquer forma, o envelhecimento é um fato inevitável da vida e não deve ser ignorado. A idade é apenas um número, e isso não significa que seu Golden vai ficar velho e doente aos oito ou nove anos. No entanto, cães mais velhos têm mais chances de desenvolver algumas doenças, e este capítulo fornecerá uma visão geral do que esperar e como prevenir que essas coisas aconteçam.

Foto cortesia de
Kelly Kelly

Dieta

A primeira coisa a se fazer quando seu cão está envelhecendo é fazer uma troca gradual para uma ração sênior. Isso pode ser feito ao longo de uma semana, como já falamos aqui neste livro. Uma ração específica para cães idosos é essencial, pois ela fornece quantidades de nutrientes mais adequadas para um cão mais velho, e que são diferentes das rações para filhotes ou adultos.

Rações para cães idosos geralmente são menos calóricas do que rações para cães mais jovens. Isso ocorre porque cães mais velhos costumam ser mais sedentários e, portanto, precisam de menos calorias para passar o dia. Um cão idoso com sobrepeso terá uma sobrecarga extra em seus órgãos vitais, que podem não estar funcionando mais com capacidade total e funcionarão melhor sem uma camada de gordura ao redor deles.

Esse tipo de ração também costuma focar na saúde das articulações e mobilidade. Como discutiremos mais adiante neste capítulo, Golden Retrievers frequentemente enfrentam problemas de mobilidade no final da vida e, portanto, precisam de uma ajuda extra. As rações sênior geralmente são compostas por ingredientes ricos em ácidos graxos ômega. Estes são excelentes anti-inflamatórios naturais para articulações doloridas. Eles também ajudam a melhorar a qualidade e viscosidade do líquido articular para garantir que as articulações estejam bem lubrificadas.

Outros aspectos sobre a ração para cães idosos que podem ser diferentes da ração comum são as concentrações de nutrientes como sódio, potássio, cálcio e fósforo. Estes afetam a saúde dos rins, e um excesso ou deficiência deles pode sobrecarregar esses órgãos. Portanto, ter a quantidade certa na ração garantirá que os rins não precisem trabalhar demais — algo que os rins de muitos cães idosos não conseguem suportar.

Consultas de Rotina para Idosos

Para garantir que seu Golden idoso mantenha uma saúde ótima, seu veterinário pode recomendar consultas de rotina focadas em cães da terceira idade. Elas são uma medida adicional além da consulta anual para vacinação. Essas consultas ajudam a garantir que qualquer coisa que esteja se deteriorando seja detectada bem no início. Dessa forma, o problema pode ser tratado o mais rápido possível para retardar o avanço.

Uma consulta para cães idosos começa com um exame físico. O veterinário examinará primeiro a área da cabeça, vendo se há tártaro em excesso nos dentes, e se há opacidade nos olhos. Em seguida, ele irá auscultar o coração e os pulmões para garantir que o coração esteja batendo em um ritmo normal e que os pulmões estejam limpos e sem chiados. Finalmente, ele apalpará o abdômen em busca de caroços, bem como o tamanho do fígado. Ele pode tentar sentir os rins, mas, em cães maiores, como é o caso dos Golden Retrievers, isso pode ser muito difícil, a menos que o cão seja muito magro.

Foto cortesia de
Angel Martin
Goldensglen

Após o exame clínico, o veterinário provavelmente coletará sangue para verificar a saúde geral dos órgãos. O sangue geralmente é retirado da veia jugular no pescoço, mas alguns veterinários preferem a veia cefálica na pata dianteira. O veterinário raspará uma pequena área para remover o pelo e visualizar a veia, para que o procedimento seja o mais rápido possível para seu Golden. Este exame de sangue dará uma boa indicação da saúde interna do seu cão e detectará problemas em estágios iniciais.

Finalmente, o veterinário também pode medir a pressão sanguínea do cão. É muito parecido com um exame de pressão arterial em humanos. Um manguito é colocado ao redor da pata dianteira e inflado. Em seguida, o manguito é desinflado, e o veterinário observará em que pressão o pulso retorna mais abaixo na pata. Cães mais velhos podem ter tendência a apresentar pressão aumentada devido a doenças renais ou cardíacas, e a detecção precoce permitirá que seu cão receba medicação para isso.

Artrite

Como discutido no Capítulo 12, Golden Retrievers são propensos a doenças articulares como displasia de quadril e displasia de cotovelo. A artrite pode se desenvolver em articulações normais expostas a forças anormais, ou articulações anormais expostas a forças normais. A displasia de quadril e de cotovelo envolvem articulações anormais e, in-

146

felizmente, o desenvolvimento de artrite é a progressão natural no curso
da doença.

Foto cortesia de Meghan Shoeman

Os principais sinais de artrite incluem mancar e sentir estalos ao fle-
xionar e estender a articulação. Isso
ocorre porque a cartilagem lisa que
reveste as extremidades dos ossos na
articulação começou a se deteriorar.
Portanto, as articulações tendem a ter
uma ação de atrito quando se movem,
em vez de deslizarem suavemente.

Uma vez que a cartilagem foi des-
truída, infelizmente não há nada que possa ser feito para regenerá-la.
No entanto, existem maneiras de retardar o processo de degeneração.
A primeira forma, que deve ser aplicada desde cedo em cães ativos ou
cães com problemas articulares, é adicionar um suplemento para articulação à dieta. Esses suplementos quase sempre contêm glucosami-
na, mas também podem conter condroitina e mexilhão de lábios verdes.
Os suplementos para articulação estimulam a síntese de proteoglicanos,
que são os principais componentes da cartilagem. Eles também melhoram a saúde do líquido articular, garantindo que ele seja espesso e
abundante em volume, para que a articulação possa se mover facilmente. Esses suplementos podem ser vendidos como comprimidos, cápsu-
las, petiscos, pós ou até mesmo já combinados em uma ração sênior.

Outra maneira de preservar a saúde da articulação é manter seu cão
magro. Um cão com sobrepeso terá maior pressão nessas articulações,
o que, por sua vez, fará com que elas se degenerem mais rapidamente.
Se você tem um cão mais velho com mobilidade reduzida, e aumentar
o exercício dele não é uma opção, pode ser uma boa ideia colocá-lo em
uma dieta. Isso pode ser feito reduzindo as porções de uma ração regular ou dando uma ração de saciedade, que é volumosa e permitirá que
ele se sinta mais satisfeito por mais tempo. No entanto, se você deseja
aumentar o exercício dele, mas não quer colocar estresse extra nas articulações, a hidroterapia pode ser uma excelente opção. Seu Golden com
certeza vai adorar, já que a raça costuma ser atraída pela água.

Se seu veterinário sentir que a qualidade de vida do seu cão está
sendo comprometida pela dor da artrite, o que é evidente em qualquer
cão que esteja mancando, ele pode prescrever alguns medicamentos
para dor. Para a maioria dos cães, o veterinário começará receitando
um anti-inflamatório não esteroidal (AINE) como primeiro medicamento para alívio da dor. Alguns cães têm o intestino um pouco sensível aos

AINEs, mas não se preocupe, pois existem muitos outros medicamentos para tentar se seu cão não responder bem aos AINEs.

Se você deseja tentar um método de alívio da dor que não envolva medicamentos, alguns veterinários oferecem acupuntura para seus pacientes. Ela estimula a liberação de endorfinas, que são o alívio natural da dor do corpo.

Demência

À medida que os cães ficam mais velhos, o cérebro deles também envelhece, levando a um declínio na capacidade mental. Hoje, já se sabe que alguns cães sofrem de disfunção cognitiva canina (DCC), uma deterioração do cérebro muito semelhante à demência em humanos.

O sinal mais comum que você notará em um cão com DCC é a apatia, mas também podem surgir perambulações sem rumo, urinar ou defecar dentro de casa mesmo tendo sido adestrado, e mudanças de comportamento.

A DCC não pode ser revertida. No entanto, seu veterinário poderá receitar um medicamento diário muito seguro que melhora o fluxo sanguíneo para o cérebro. Isso, por sua vez, aumenta o fluxo de oxigênio e melhora a capacidade do cérebro de processar as coisas. Os tutores frequentemente observam que esse tratamento dá ao cão uma nova vida.

Deterioração dos Órgãos

Como mencionado anteriormente, os rins e o fígado em particular são os órgãos mais suscetíveis à deterioração no final da vida. Isso ocorre porque esses órgãos são muito sensíveis a mudanças na pressão arterial, dieta, ingestão de toxinas, medicamentos e o estilo de vida geral ao longo da vida do cão.

A detecção precoce com exames de sangue garantirá que você descubra problemas no início, de forma que mudanças básicas no estilo de vida sejam adotadas para impedir o avanço da deterioração. Mudanças na dieta, em particular, podem aliviar muito a tensão nos rins e órgãos, e algumas das principais marcas de ração para cães vendem dietas específicas para pacientes com doenças hepáticas ou renais. As rações para o fígado têm uma quantidade menor de proteína, mas a proteína utilizada é de maior qualidade do que a encontrada em rações normais para cães. O fígado tem que converter a proteína em uma forma mais utilizável, então isso significa que ele não precisa trabalhar tanto. As dietas renais têm diferentes quantidades de minerais, como mencionado anteriormente, que são filtrados pelos rins.

Se a doença hepática não puder ser controlada pela dieta, uma biópsia guiada por ultrassom pode ser feita para entender exatamente o que há de errado com o fígado, embora em cães mais velhos o principal problema seja fibrose hepática ou câncer de fígado. Esse exame pode ser feito sob sedação, pois, apesar de não ser extremamente doloroso, envolve o uso de uma agulha longa e, se o cão se mover, pode se ferir. Se a doença hepática não puder ser tratada diretamente, por exemplo, com quimioterapia

Foto cortesia de Debbie & Michael Seybert

para câncer, medicamentos de suporte hepático podem ser prescritos para seu cão, como SAM-e ou ácido ursodesoxicólico, que melhoram a função hepática.

A doença renal, por outro lado, pode ser gerenciada de várias maneiras. Um ultrassom dos rins geralmente será feito para entender se há uma causa subjacente da doença renal, como cistos ou tumores, ou se é apenas a deterioração crônica que acontece com a idade. Quando os rins se deterioram, muitas funções corporais são afetadas. Estas incluem a produção de hemácias, então o cão pode se tornar anêmico, a regulação da pressão, que pode deixar o cão hipertenso, e a filtração de água e produtos residuais, fazendo com que o cão urine mais. Existem medicamentos para ajudar com todos esses problemas, mas, às vezes, se os rins estiverem muito acometidos, a administração de fluidos intravenosos pode melhorar as coisas.

Perda dos Sentidos

A imagem clássica de um cão idoso é aquele que é surdo ou cego. Perder esses sentidos é muito comum, e você deve se preparar para isso enquanto seu cão ainda tem todos os seus sentidos intactos.

Quando seu cão ainda puder ouvir bem, ensine comandos de mão além de comandos de voz. Falamos sobre isso no Capítulo 6.

Infelizmente, os olhos podem se deteriorar ao mesmo tempo. Olhos nublados são normais em cães mais velhos e não são um sinal de que ele não consegue enxergar. Uma condensação normal das fibras dentro da lente é chamada de esclerose nuclear, e o cão ainda consegue enxergar através dela. A catarata pode parecer muito com a esclerose nuclear, mas a principal diferença é que os cães não conseguem ver através da catarata. Um veterinário pode diferenciar entre catarata e esclerose nuclear iluminando o olho com uma luz forte. Se ele conseguir ver até o fundo do olho, é esclerose nuclear; se a luz refletir de volta na lente, é catarata. Cataratas podem ser removidas, mas devido à idade em que elas normalmente se desenvolvem, muitos tutores optam por não realizar a cirurgia devido ao risco aumentado da anestesia.

Controle da Bexiga

Se você tem uma Golden fêmea que foi castrada antes do primeiro cio, ela pode começar a ter pequenos escapes de urina. Ela não sabe que está fazendo isso e não está urinando na cama ou no chão de propósito, então não a repreenda por isso.

Quando o esfíncter uretral (a faixa muscular justa que mantém a saída da bexiga fechada) não sofreu influência do estrogênio durante sua vida, ele acaba sendo significativamente mais fraco do que deveria ser. Isso resulta em escapes quando há pressão sendo exercida sobre o abdômen e, portanto, sobre a bexiga (por exemplo, ao deitar).

Isso pode ser manejado com algumas opções de medicamentos. Estes vêm em formas de xarope e comprimidos e devem ser administrados diariamente. Se o escape de urina for excessivo, pode ser necessário aparar o pelo ao redor da área inferior, para que a área permaneça limpa e não leve a queimaduras de urina.

Dizendo Adeus

Para muitos tutores, chegará o momento de decidir se o melhor para o cão é ser sacrificado em um procedimento conhecido como eutanásia. Em alguns casos, uma doença repentina pode levar seu cão, mas, nos anos de velhice, geralmente é uma doença crônica e lenta que causará o comprometimento do bem-estar dele. Podemos decidir se a qualidade de vida dos nossos animais está tão comprometida que eles não devem continuar vivendo.

Embora isso seja obviamente devastador para nós como tutores, um cão não tem sentimentos negativos sobre ser eutanasiado, e o procedimento é suave e indolor. Diferentemente de nós, humanos, um cão não consegue compreender ou antecipar o que vai acontecer. Quando um cão é sacrificado, é exatamente isso o que acontece. O procedimento envolve uma overdose de anestésico que o fará cair em um sono profundo, até que, eventualmente, o coração dele vai parar de bater. Isso pode ser feito por um médico veterinário em uma clínica veterinária ou na sua casa, o que for melhor para você e seu cão.

A injeção geralmente é administrada na veia cefálica da pata. Seu veterinário provavelmente colocará um cateter para ter acesso constante à veia, pois um grande volume costuma ser necessário para um Golden Retriever. Em segundos, seu cão adormecerá. Em 10-15 segundos, o coração terá parado de bater, e seu cão terá partido tranquilamente. Você pode notar alguns tremores ou escape de urina depois, ou o que parece ser uma respiração profunda, mas esses são apenas sinais dos músculos contraindo após a morte, e não sinais de que a injeção não funcionou.

É sempre um momento muito triste dizer adeus ao seu amado amigo. No entanto, tente lembrar de todos os momentos incríveis em que seu Golden trouxe um sorriso ao seu rosto ao longo dos anos, e olhe para trás com carinho e alegria, em vez de lágrimas.

AGRADECIMENTOS

Ser veterinária significa que posso ver muitos cães diferentes, mas os Goldens estão definitivamente entre os meus favoritos . Não há nada melhor do que ser recebida por um rabo abanando e um sorrisão. Escrever este livro sobre os Golden Retrievers foi uma experiência igualmente incrível. Espero que, com ele, eu possa conquistar muitas pessoas para a raça! Por isso, gostaria de agradecer aos meus pacientes Golden Retrievers e seus tutores, que me inspiraram e me motivaram a escrever este livro.

Também gostaria de agradecer à minha editora de longa data, Clare Hardy, que tem um talento com as palavras para garantir que tudo o que escrevo fique fantástico. Ela me deu muito apoio em todos os meus esforços de escrita e, além de tudo, também é uma grande amante de cães!